Chinesische Schmucktäschchen

Loretta H. Wang

VERLAG WERNER DAUSIEN

CHINESISCHE SCHMUCKTÄSCHCHEN

© : Loretta H. Wang 1990

Die abgebildeten Objekte stammen aus der Sammlung der Verfasserin, soweit nicht anders gekennzeichnet.

Fotos: J. Chen und K. Lin
Buchausstattung: Gary Wang
© : Highlight International
Printed in Taiwan
VERLAG WERNER DAUSIEN
HANAU/MAIN
ISBN: 3-7684-1029-3

Die Autorin:

Loretta Hui-Lang Wang, geboren in Taiwan, studierte chinesische Literatur an der National Taiwan University in Taipei. Später erlernte sie Texildesign am technologischen Institut für Mode in New York. Gegenwärtig betreibt sie zusammen mit ihrem Ehemann die Firma "Wang Designs" im Modezentrum Manhattans.

Umschlagfotos:

Der Buchumschlag zeigt die beiden Seiten eines kaiserlichen Schmuckbeutels aus der Ch'ing-Dynastie. Der auf der Stirnseite cremefarbene und auf der Rückseite gelbe Beutel ist verziert mit Pfingstrosen, Phönix und Fasanen.

VORWORT

Als ich ein kleines Mädchen war, zeichnete meine Großmutter immer Schmetterlinge oder Blumen auf ein Blatt Papier, die meine Schwester und ich dann mit Farben ausmalten. Die Jahre vergingen, doch diese wunderschönen Farben und Muster faszinierten mich weiterhin.

Jetzt lebe und arbeite ich mit Farben, Mustern und Formen; meine Lieblingsbeschäftigung aus der Kindheit wurde zum Beruf. Mein Mann und ich haben über Jahre hinweg antike Textilien gesammelt.

Aus unserer Textilsammlung schätzen wir die Schmuckbeutel am meisten, denn ihre Zierlichkeit, ihre brillianten Farben, ihre kniffligen Stickereien und die Verschiedenheit ihrer Formen machen sie zu etwas Einzigartigem innerhalb der chinesischen Stickkunst.

So wunderschön sie auch sind, in der heutigen Welt sind sie in Vergessenheit geraten. Nur wenige Leute besitzen Kenntnisse über ihren Gebrauch und wie sie entstanden, und es gibt auch kaum Veröffentlichungen über diese spezielle Art von Kunst.Dabei sind es gerade 80 Jahre her, als zur Zeit unserer Großeltern die Herstellung dieser Schmuckbeutel eine blühende und weitverbreitete Kunst war.

Die chinesischen Mädchen erhielten schon in jungen Jahren Stickunterricht, wobei der Schmuckbeutel der erste wichtige Lerninhalt war. Wenn sie als Heranwachsende einen gewissen Grad an Kunstfertigkeit erreicht hatten, begannen sie damit, einen speziellen Kleinodbeutel für ihren Verlobten zu machen.

Als Ehefrauen machten sie Beutel für die Schwiegereltern, dies galt als traditionelles Geschenk einer Braut. Zu jener Zeit verbrachten fast alle chinesischen Frauen Tage und Nächte mit Stickarbeit. Die Werke, die sie hinterließen, sind wunderschön und einzigartig.

In diesem Buch wird eine ganze Reihe solcher Kleinodbeutel gezeigt. Einige sind phantasievoll gestaltet und bis ins Detail ausgearbeitet, andere sind naiv und einfach.

Das Ziel dieses Buches ist es, diese Kunst und die Art und Weise, wie sie praktiziert wurde, vorzustellen. Es war ein populäres Handwerk, das zugleich eine großartige Kunst ist. Der soziale Status der Frau hat sich im heutigen China grundlegend geändert, man sieht keine über den Stickrahmen gebeugten Frauen mehr. Die Schmucktäschchen wurden somit zu einer schönen Form von Nostalgie, denn sie repräsentieren die letzte Ära des alten China; die letzte romantische, friedvolle und zugleich schreckensvolle Periode des Kaiserreichs.

Nachdem ich begonnen hatte, diese Schmucktäschchen zu sammeln, zeigte ich sie meiner Großmutter und meiner Schwiegermutter. Als Frauen, die in der Übergangsphase vom alten zum neuen China geboren wurden, waren sie noch vertraut mit dieser Art von Börsen und sie waren sehr begeistert von der Idee, dieses Buch zu schreiben. Inzwischen sind beide bereits verstorben. Diesen beiden Frauen widme ich dieses Buch, ebenso wie all den zahllosen Frauen, deren geschickte Hände uns die Erinnerung an Freude, Farbe und Liebe zurückgelassen haben.

Ein Straßenverkäufer verkauft Schmuckbeutel
Von Sun Hu, Chin K'un, Tai Hung, Ch'en Chih-tao und Ch'en Mei. Ch'ing-Dynastie (Bildausschnitt)

INHALT

Mongolische Reiter mit Schmuckbeuteln
"Hundert Rösser" von Lang Shih-ning (d.i. Giuseppe Castiglione) Ch'ing-Dynastie (Bildausschnitt)

DIE GESCHICHTE DES SCHMUCK-TÄSCHCHENS

Für die meisten Chinesen wird der Schmuckbeutel mit Romantik und Liebe verbunden.

In alten chinesischen Romanen und Dramen konnte ein mit wertvollen Juwelen gefüllter Kleinodbeutel die Mitgift einer Tochter aus reichem Hause sein. Bestickte Brieftaschen spielten oft als heimliches Geschenk eines jungen Mädchens für ihren Angebeteten eine Rolle.

Als im Jahre 1911 die Ch'ing-Dynastie (淸) durch die Revolution abgesetzt und durch eine demokratische Regierung abgelöst wurde, ging man daran, viele der überkommenen Bräuche abzuschaffen. In der neuen Gesellschaft verloren die Schmuckbeutel ihre Bedeutung. Unpraktische und veraltete Bekleidungsvorschriften wurden abgeschafft.

Unter allen Kulturen der Welt kannten nur die Chinesen und die Schotten Gürteltäschchen. (Die Schotten trugen sie zum Schottenrock, dem Kilt). Einige Historiker haben argumentiert, daß die Chinesen die Täschchen zum traditionellen Kostüm trugen, da dies keine Taschen hatte. Diese Theorie ist nur bedingt richtig, denn viele der traditionellen Roben hatten Innentaschen am Futter, und Jacken der späteren Ch'ing-Zeit hatten aufgesetzte Taschen.

Die Schmuckbeutel waren das wichtigste Accessoir für den modebewußten Mann, der bis zu zehn Stück trug. Sie galten als Statussymbole und waren ein Indikator für Reichtum und gesellschaftliche Stellung. Die soziale Bedeutung übertraf den praktischen Nutzen bei weitem.

DER URSPRUNG VON GÜRTELANHÄNGERN

Gürtelanhänger stammen aus der Urgeschichte des Menschen. Der Peking-Mensch, der vor über 500.000 Jahren China besiedelte, benutzte Schnüre, um seine Werkzeuge an der Hüfte zu tragen.

Gürtel der Yin-Shang (殷商)-Periode

Die frühesten historischen Dokumente, welche verschiedene soziale Systeme und Regeln beschreiben, stammen aus der Shang- Dynastie (1766-1121 v.Chr.). Nach den damaligen Gesetzen war das Volk in verschiedene Klassen, die Könige, Bürger, Sklaven usw. unterteilt. Bedeutende Bürger trugen einen Gürtel um die Taille, um den persönlichen Rang innerhalb der Gesellschaft zu zeigen.

Jademiniaturen, die in den Gräbern von An-Yang gefunden wurden, zeigen die Form dieser Gürtelanhänger; sie hatten die Gestalt einer Axt, oben schmal und unten breit. Das chinesische Wort dafür hieß "Pi" (鞞). Sie waren aus Leder und bunt bemalt. Anhänger aus bestickter Seide hießen "Fu" (韍). (Siehe Abb.1) In dieser Periode wurden die Gürtelanhänger Statussymbole, die durch Farben, Materialien und Muster den Rang einer

Person in der sozialen Hierarchie ausdrückten. Die Gürtelanhänger eines Kaisers waren orangefarben, die eines Prinzen rot und die der höheren Beamten grün. Bestickte rote Anhänger wurden vom Kaiser für besondere Verdienste verliehen.

Abb.1

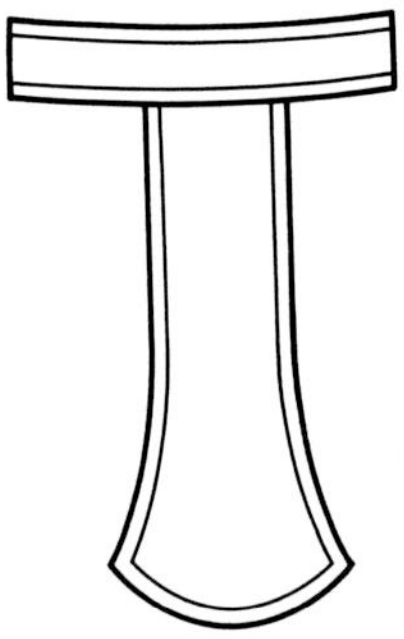

Gürtelanhänger aus der Chou-Dynastie

Chou-Kung, kaiserlicher Berater während der Chou-Dynastie (1121-249 v.Chr.), setzte im Rahmen seiner Rechtsreformen Regeln für den Gebrauch von Gürtelanhängern fest. Geschnitzte Jadeamulette kamen hinzu.

Regierungsbeamte trugen einen doppelten Gürtel, ein Lederband, das unter einem größeren Seidenband getragen wurde. Der Seidengürtel wurde mit einer großen dekorativen Schleife befestigt. (Siehe Abb.2)

Abb.2

Am Ledergürtel hingen lange Schwerter, Jadeornamente, Duftkissen, Schreibtafeln und Messer. Die Schreibtafeln waren aus Elfenbein, Jade oder Bambus und wurden in Haifischhäute gewickelt.

Ein Beamter trug seine Schreibtafel bei sich, wenn er mit dem Kaiser zusammentraf. Mit einem Schreibpinsel hielt er seine Gedanken fest.

Abb.3

Das chinesische Wort der Chou-Zeit für "Gürtelmann" entwickelte sich zu der Bedeutung "Ehrenmann" im heutigen Sprachgebrauch, es war ein Zeichen für das große Ansehen, welches mit dem Tragen des Seidenbandes verbunden war. Die Robe war die Standardkleidung für Männer und Frauen zu allen Gelegenheiten. Der einzige Unterschied bestand in der Weite der Ärmel und in der Länge der Robe. In der späteren Chou-Dynastie, der sog. Zeit der kämpfenden Reiche, bildete sich die erste Änderung in der Art der Bekleidung heraus.

Im Jahre 320 v.Chr. übernahm Chou Wu-Ling (趙武靈) die Bekleidung der westlichen Nomaden als Kampfanzug für seine Krieger. Das kurz zugeschnittene Oberteil und die Reithose stellten sich für Aktivitäten wie jagen, arbeiten und reiten als vorteilhafter heraus.

Die Gürtelschnalle (siehe Abb.4) wurde den Chinesen als wichtigster Bestandteil dieses Anzugs vorgestellt. Die Schnalle war schmal und am zu befestigenden Ende spitz zulaufend. Sie war aus Messing mit Gold-, Silber- oder Jadeintarsien gefertigt, oder aus Jade oder Elfenbein geschnitzt. Der Gürtel an sich hatte die gleiche Funktion wie zuvor. Nachdem Gürtelschnallen zu einem neuen Statussymbol wurden, entwickelte sich in Zentralchina ein neues und angesehenes Handwerk daraus. Später in der östlichen Han-Zeit (東漢)wurden sie durch die silbernen "Neun-Ringe-Gürtel" ersetzt.

Abb.4

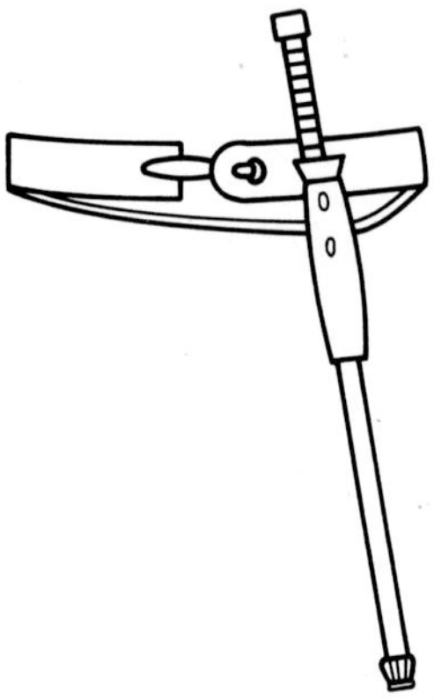

Gürtelanhänger der Han-Dynastie (Siegeltäschchen und Amulette)

Kleidung, Mützen und Gürtelanhänger der Beamten während der Han-Dynastie wurden speziell für ihren sozialen Status and Rang angefertigt. Ebenso wie früher wurden zwei Gürtel getragen, einer zur Identifikation, der andere mit praktischer Funktion. Der schmälere, funktionelle wurde "Ju" (組) und der größere, breitere "Shou" (綬) genannt. Beide waren aus Seide hergestellt. Der "Ju-Gürtel" war von praktischem Nutzen für einen Mann, "Shou" wurden den Beamten vom Hofe, dem sie dienten, verliehen. Die Länge des "Shou", seine Farbe und die Anzahl der daran befestigten Anhänger zeigte dessen Rang am Kaiserhof an. Den Beamten wurde auch ein offizielles Siegel verliehen, welches am Gürtelende an der rechten Hüfte getragen wurde. Ein besonderer Siegelbeutel hatte die Bezeichnung "P'an". Er war aus Leder und mit gemalten Motiven, oft einem

Tigerkopf, verziert. Er hieß dann "Tigerkopfbeutel". Der "Shou" war viel breiter als früher; er war bis zu 6 Zoll (15 cm) breit und 5 bis 15 Fuß (1,5 m bis 4,5 m) lang. Je höher der Rang eines Beamten, desto länger war sein "Shou". Bis zu vier Farben wurden in den gewebten Mustern der dekorativen Schleifen zu den Siegelbeuteln verwendet. (Siehe Abb.5). Sogenannte "Kung-Mao" wurden an schmalen Gürteln befestigt; es handelte sich dabei um zwei ziselierte Stücke aus Metall oder geschnitzter Jade, die als persönlicher Schutz vor bösen Geistern getragen wurden. Derartige Amulette wurden am vierten Tag des ersten Monats ("Mao") hergestellt und waren mit speziellen Wortformeln an allen vier Seiten versehen. Das "Kung-Mao" eines Kaisers war aus weißer Jade gefertigt, für hohe Beamte wurde oft Elfenbein oder Rhinozeroshorn benutzt.

Abb.5

Der Neun-Ringe-Gürtel der Wei-Chin (魏晉)-Dynastie

Der Neun-Ringe-Gürtel, dessen Name von der ursprünglichen nomadischen Aussprache abgeleitet war, trug auch die Bezeichnung Tai-Hsieh. Es handelte sich um Ledergürtel mit neun dekorativen Intarsien und kleinen Anhängern. (Siehe Abb.6)

Abb.6

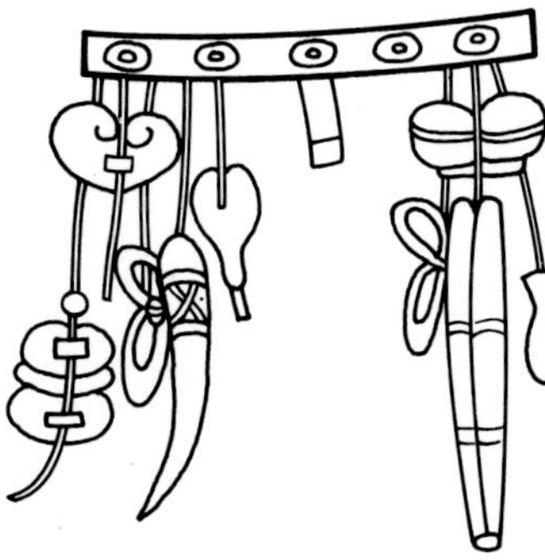

Im Zuge der Assimilation der Nomaden an die Lebensgewohnheiten der Chinesen (nördliche Nomadenstämme wanderten nach Zentralchina, um Kriegen und Hungersnöten zu entkommen) kam es zu Veränderungen in deren Bekleidungsgewohnheiten. Andererseits übernahmen die Chinesen von den Nomaden die engeren Ärmel, enger zugeschnittene Oberteile, den Tai-Hsieh-Gürtel und deren Stiefel.

Der Tai-Hsieh-Gürtel und der Fischmarkenbeutel der frühen T'ang-Dynastie

Der Ledergürtel der nördlichen Nomaden wurde in der frühen T'ang- Zeit (唐) unter den Völkern Zentralchinas sehr populär. Um das Jahr 674 war der Nomadengürtel zum festen Bestandteil jedes Beamtenkleides geworden. In der späteren T'ang-Zeit wurde den Beamten befohlen, wieder das traditionelle Seidenband zu tragen, der Tai-Hsieh-Gürtel blieb jedoch im Volk, besonders bei Frauen, weiterhin in Mode. Hier wurde er vor allem wegen seines praktischen Nutzens getragen. Feuerstein, Nadeln, Messer, Zunder, Pulverbüchse und andere Gebrauchsgegenstände (die sog. "sieben Gebrauchsgegenstände") hingen am Tai-Hsieh-Gürtel und ermöglichten dem Träger somit leichten Zugriff zu den Werkzeugen des täglichen Lebens. Später trugen Hofdamen den schmalen Ledergürtel mit verzierten Anhängern anstelle der "sieben Gebrauchsgegenstände".

Abb.7

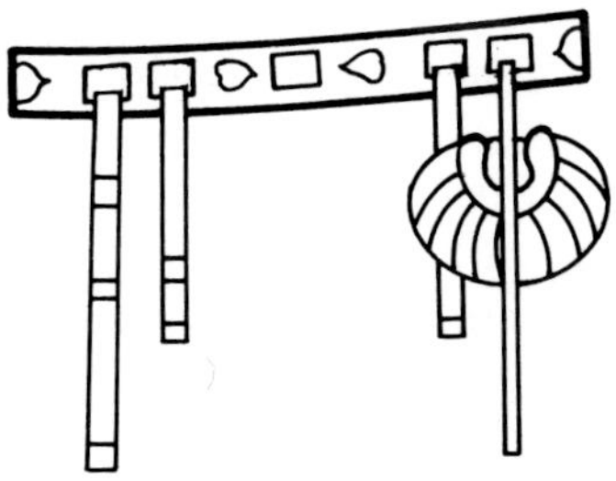

Während der T'ang- und Sung-Dynastie trugen Hofbeamte das große Band in Form eines großen, weiten Ledergürtels. Der breitbandige Ledergürtel blieb also noch immer ein Teil der Beamtentracht und machte Rangunterschiede kenntlich. Diese inzwischen "Cheng" (鞓) genannten Lederriemen waren mit Einlegearbeiten aus Halbedelsteinen in rechteckigen und runden Formen, sog."Kua" (銙), verziert. Materialien wie Jade, Gold, Silber, Messing, Rhinozeroshorn und Stein wurden zu "Kua" geformt.

Die verzierte Seite des Gürtels wurde zum Rücken hin gedreht, so daß sie nicht durch Hände oder Ärmel verdeckt werden konnte. Der "Cheng" wurde mit Schnallen an den Taillenseiten befestigt. Sie waren den heutigen Schnallenformen sehr ähnlich, an der linken Vorderseite waren sie verziert. Eine Variante dieser Gürtelform wird noch heute an den Kostümen der Peking-Oper getragen. (Siehe Abb. 8)

Abb.8

Während der frühen T'ang-Zeit pflegten die Hofbeamten eine Fischmarke zu tragen. Solche zweiteiligen, fischförmigen Zeichen waren gewöhnlich aus Gold, Silber oder Messing gefertigt. Die darauf befindliche Inschrift ermöglichte die Identifizierung des Trägers, er mußte beim Betreten des Hofes eine Hälfte im Büro hinterlegen, die andere trug er bei sich.

Der "Fischmarkenbeutel", ein kleines Stoffsäckchen, diente als Behältnis für diese Identifikationsmarken. Der Fischbeutel erhielt seine Bezeichnung nach Kaiser Li, dessen Name gleichbedeutend mit "Karpfen" war. Die geöffneten Augen des Fisches symbolisierten die Macht der Li-T'ang-Dynastie.

Fischmarke und-beutel wurden den Beamten vom Hofe als Ehrenzeichen verliehen. (Siehe Abb.9)

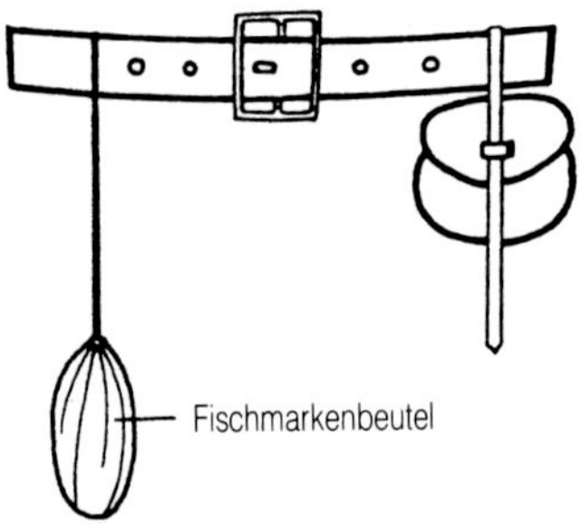

Während der Zeit der fünf Dynastien (五代) und der Sung-Dynastie entwickelte sich die Fischmarke zu einer einfacheren Form. Es hing nur noch ein gekrümmter Anhänger an einem roten Lederband, welcher mit gold- und silberfarbenen Fischformen verziert war. Die Muster unterschieden sich erheblich von den früheren Inschriften der Fischmarken. Marke und Beutel wurden ausschließlich von Beamten höheren Ranges getragen. In den nördlichen Regionen behielten die Könige den Tai-Hsieh-Gürtel als Anerkennung für vertrauenswürdige Gefolgschaft bei, denn der Gürtel war bei den Nomaden dieser Gegend noch immer in Gebrauch. Während der südlichen Sung-Zeit erließ der König des Liao-Reiches im Norden eine Verordnung, die besagte, daß chinesische Beamte die Gebrauchsgegenstände des Tai-Hsieh weiterhin tragen durften und die traditionelle Tracht für das Volk weiterhin erlaubt blieb.

Die sieben Gebrauchsgegenstände der Yuan- und Ming-Dynastie

Von 1279 bis 1368 etablierten die Mongolen die Yuan-Dynastie. Sie waren in dieser Periode tonangebend. Bei der zivilen Bekleidung kam es nur zu geringfügigen Veränderungen. Männer trugen weiterhin ihre Brieftasche, Geldbörse, Spiegeletuis usw. an der Taille und Beamte trugen Identifikationsmarken aus geschnitztem Elfenbein oder schwarzem Holz. Frauen trugen die sieben Gebrauchsgegenstände als Anhänger. Sie waren aus Gold, Jade, Kristall und Rhinozeroshorn und in Berg- oder Wolkenmuster geschnitzt. Die ursprüngliche Bedeutung der Gürtelanhänger blieb erhalten; die sieben Gebrauchsgegenstände hießen auch die "goldenen Sieben" oder die "goldenen Vier". Frauen trugen außerdem als eine Art Schmuck Beutel am Gürtel, die mit Weihrauch, Juwelen und Preziosen gefüllt waren.

Die "neun Offiziellen" der Ch'ing-Dynastie

Das Ende der Ch'ing-Dynastie (1644-1911) war zugleich das Ende des Kaiserreiches. Ihre Herrscher stammten von den Nu-Chen(女眞), einem Nomadenvolk im Nordwesten Chinas ab. Obgleich sie ihre eigenen Sitten mit nach Zentralchina brachten, übernahmen sie auch vieles von den Han-Chinesen. Die Gesetze der Ch'ing-Dynastie legten alle Einzelheiten der Bekleidung, mit speziellem Augenmerk auf die Farbe als Zeichen des Rangunterschiedes, bis ins Detail fest. Im neunten Regierungsjahr des Kaisers Shun Chih(順治) wurden neue Gesetze erlassen, die die Kleidung von Regierungsbeamten, Kaufleuten und gemeinem Volk festlegten. Die Farben des Gürtels eines Beamten wurden nach dessen Rang gewählt. Hellgelb war die vornehmste Farbe, worauf goldgelb und indigo als zweite und dritte folgten. Dieser Gürtel war ein Band aus Seidengewebe in einer Fassung aus Metall oder Gold mit Jadeeinlagen. Kleine Täschchen hingen an Ringen, befestigt an der Fassung. In der früheren Ch'ing-Zeit hatten Männer nur die Wahl zwischen zwei oder drei Gürtelanhängern, später erhöhte sich die Zahl. Die Anhängetäschchen wurden an den Seiten plaziert. Frauen trugen keine derartigen Anhängetäschchen, sie hatten vor allem Duftbeutelchen und Maniküresets umhängen. Männer trugen herzförmige Duftbeutel, Fächerhüllen, Brillenfutterale, Etuis für Eßstäbchen, Messer, Uhrentäschchen und Geldbeutel. Ein solches Sortiment nannte man die "neun Offiziellen". Rauchtöpfchen, Pinzetten und andere Kleingegenstände hingen ebenfalls am Gürtel. (Siehe Abb.10)

Zu dieser Zeit bekamen die chinesischen Kleinodbeutel mehr und mehr praktischen Nutzen. Es war eine so große Nachfrage nach ihnen entstanden, daß in größeren Städten Spezialgeschäfte eröffnet wurden, in denen nur solche Beutelchen hergestellt wurden. In Peking war dieser Geschäftszweig so florierend, daß eine Straße "Kleinodbeutelgasse" genannt wurde. Die Beutelchen waren so populär, daß Gerüchte entstehen konnten wie: "In der Kleinodbeutelgasse gibt es einen Laden, der außergewöhnliche Entwürfe des Kaiserhofes kopiert und an die Bürger verkauft."

Abb.10

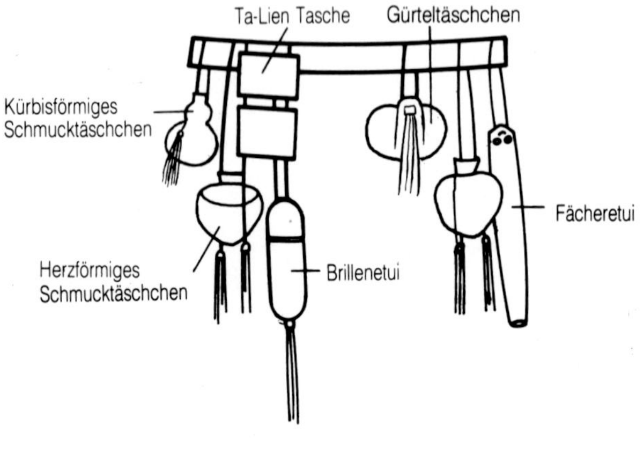

Straßenverkäufer. Su Han-ch'en, Sung-Dynastie

In dem Buch "Bei der Kaiserinwitwe"[1] beschreibt Katherine Carl die Mandschus (Ch'ing) beim Zirkusbesuch im Sommerpalast wie folgt: "Sie trugen das glänzende Sommerhofkostüm, bestickt mit Doppeldrachen, bis unter das Knie reichend. Sie hatten die Gürtel eng um die Taille geschnallt, die Schultern waren voll und weit, das erweckte den Anschein breiter Schultern und ließ ihre eigentlich zierlichen Figuren übertrieben groß erscheinen. Die Gürtelschnalle, das attraktivste Schmuckstück, war aus geschnitzter Jade, Rubinquarz oder aus wunderschön getriebenem Gold mit Edelsteineinlagen. Außerdem trugen sie eine Fülle von Ornamenten an ihren Gürteln, bestickte Etuis für Fächer, Eßstäbchen und Messer, die neben der Uhr ein unersetzliches Zierwerk für jeden chinesischen Ehrenmann darstellten. All dies hing am Gürtel in einer hübschen bestickten Hülle mit offener Vorderseite, so daß die mit Juwelen besetzten, wunderschön emaillierten oder ziselierten Gegenstände sichtbar waren.

Die Hülle hatte eine Art von gekettelter Befestigung aus Seidenschnur, geknotet in wunderbaren Mustern und mit einem Verschluß aus brilliant geschnitzter Jade, Rubinquarz oder irgendeinem anderen seltenen Stein."

Die kleinen Beutel erfüllten vielerlei Zwecke. Ihre speziellen Formen dienten als glücksbringende Amulette; sie enthielten Feuerstein und Zunder, Namenssiegel, Uhren, Fächer und Augengläser.

Traditionsgemäß wurden die Schmucktäschchen bei bestimmten Feierlichkeiten verschenkt. Sie waren immer besonders schön und reichlich bestickt. Sie galten als traditionelles Geschenk für Kinder zu Neujahr und zum Geburtstag. Die vielen Stunden, die für die feinen Stickereinen aufgewendet werden mußten, zeigen, wie bedeutend und hochgeschätzt sie waren. Zahlreiche dieser Täschchen wurden von Hausfrauen und ihren Töchtern zu Hause geschaffen.

Es war Brauch am Kaiserhof, daß der Kaiser am Neujahrsabend mit seinen höheren Beamten zusammentraf, um ihnen kleine bestickte Täschchen zu schenken, in denen winzige Amulette aus Gold oder Silber waren. Diese Geschenke wurden als Zeichen des guten Willens und der Dankbarkeit vom Kaiser selbst überreicht. Leute, die in den Genuß dieser Ehre kamen, trugen den Beutel als stolzen Besitz für alle sichtbar. Diese außergewöhnlich schönen Beutel, von den meisterlichen Händen der Hofdamen geschaffen, waren exquisit bestickt mit üppigen Farben und glücksbringenden Motiven, wie dem Zeichen "langes Leben", dem Phönix, der Fledermaus, sich paarenden Vögeln, der Pfingstrose usw.

1) "Bei der Kaiserinwitwe", Katherine Carl; New York: The Century Co. 1905 (Seite 224)

BIBLIOGRAPHIE

Mailey, Jean, ed., "The Manchu Dragon". New York: Metropolitan Museum of Art, 1980

Chambers, M., Rawlings, C., Ritchie, M., eds., "The Secret Splendors of the Chinese Court" Denver: The Denver Art Museum, 1981

Chung, Young, Y., "The Art of Oriental Embroidery" New York: Charless Scribner's & Sons, 1979

"Zhonggou Lidai Fushi", Shanghai 1984

Goodrich, L., Cameron, N., "The Face of China" New York: Aperture, 1978

Carl, Katherine, "With the Dowager Empress" New York: The Centruy Co., 1905

Ken-Kai, Yang, "Tapestry and Embroidery in the Collection of the Museum of Liao-Ning Province" Tokyo: Gakken Tokyo, 1983

ZEITTAFEL DER CHINESISCHEN DYNASTIEN

Neolithikum	5. Jahrtausend - 18. Jh v.Chr.
Hsia-Dynastie	2205 - 1766 v.Chr.
Shang-Dynastie	1766 - 1121 v.Chr.
Chou-Dynastie	1121- 249 v.Chr.
Ch'in-Dynastie	221 - 207 v.Chr.
Han-Dynastie	207 v.Chr. - 220
Nördl. und Südl. Dynastien	220 - 589
Sui-Dynastie	589 - 618
T'ang-Dynastie	618 - 906
Die Fünf Dynastien	906 - 960
Sung-Dynastie	960 - 1279
Yuan-Dynastie	1279 - 1368
Ming-Dynastie	1368 - 1644
Ch'ing-Dynastie	1644 - 1911

CHINESISCHE SYMBOLE

Die meisten Schmucktäschchen wurden als Geschenk vergeben. Sie waren mit Symbolen guter Wünsche und Segnungen, als herzliche Geste des Schenkenden, versehen. Bestimmte Symbole waren so verbreitet, daß sie als eine eigene Ausdrucksform auf Porzellan, Möbeln, Kleidung und Gemälden angesehen werden können.

Die am häufigsten vorkommenden Symbole sind unten angeführt. Beachtenswert ist, daß die Chinesen sowohl Schriftzeichen wie auch Gegenstände als abstrakte Begriffe benutzten. Manche Objekte wurden wegen ihrer besonderen Natur ausgewählt, Schriftzeichen jedoch oft nur aufgrund ihrer gleichen Lautung.

Wan (萬): Altes Symbol für 10.000

Shou (壽): Chinesisches Schriftzeichen für ''Langes Leben''

Hsi (喜): Chinesisches Schriftzeichen für ''Zufriedenheit''

Shuang Hsi(双喜): ''doppeltes Glück''oder: ''Glück zu zweit''

Fu (福): Schriftzeichen mit der Bedeutung ''Glück, Wohlstand''

Pan-Chang(盤長): Der endlose Knoten; buddhistisches Symbol für Reinheit.

Fu (福): ''Reichtum.'' Bildliche Symbole für Glück und Reichtum sind: Pfingstrose, Phönix, Magnolie, Begonie, Buddhas Hand, Goldfisch, Fledermaus, alte Münzen, Goldstück.

Lu (祿): ''Erfolg''. Bildliche Symbole: Drache, Hirsch, Hahn, Krebs, Grille, Karpfen, Fasan, Pfau, rote Aprikosenblüte.

Shou (壽): ''Gesundheit, langes Leben''. Bildliche Symbole: Pfirsich, Chrysantheme, Immergrün, Bambus, Katze, Schmetterling, Kranich, Schildkröte, Affe, Pilz, Felsen, Sonne, Pinie, Swastika.

Hsi (喜): ''Zufriedenheit'' Bildliche Symbole: Elster, Ching (ein aus Stein gefertigtes Musikinstrument).

Ping-an(平安): ''Frieden''. Bildliche Symbole: Wachtel, Vase.

Ju-i (如意): "Wünsche, die in Erfüllung gehen"

Ch'ing (清): "Reinheit". Bildliche Symbole: Pflaumenblüte, Lotosblüte, Orchidee, Narzisse, endloser Knoten

Chun (春): "Frühling". Bildliche Symbole: Kamelie, Pfirsichblüte, Weide.

Tuo-tzu (多子): "Viele Kinder". Bildliche Symbole: Melone, Granatapfel, Lilie, Flaschenkürbis.

"Heirat": Bildliche Symbole: Mandarinente, Wasserlilie.

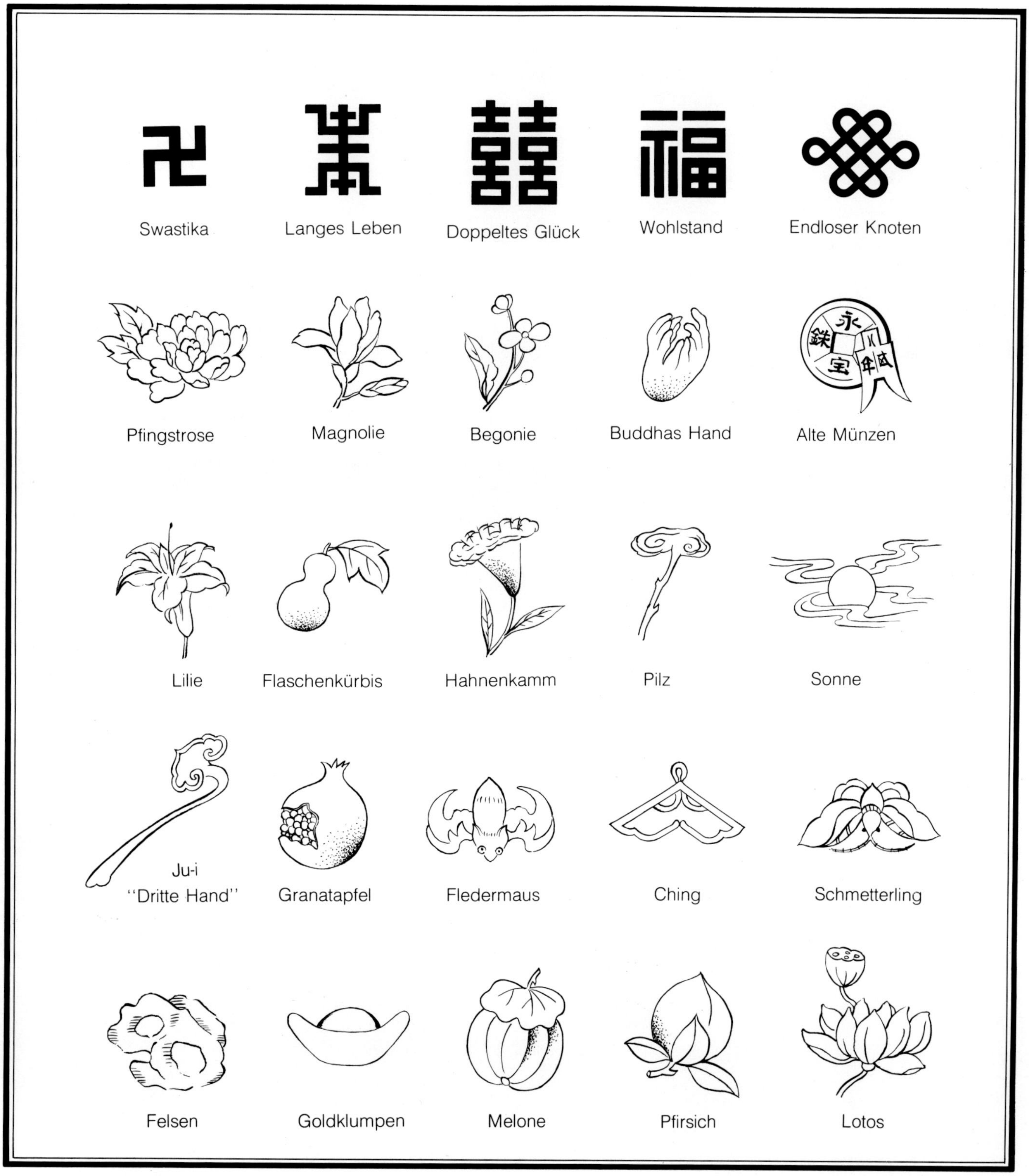

DIE CHINESISCHE STICKEREI

Bei Ausgrabungen in den Höhlen von Chou-Ko-Tien (周口店) bei Peking kamen Knochennadeln zutage, die vor über 500.000 Jahren von Höhlenmenschen benutzt wurden, um Tierhäute zu nähen. Leinen wurde vor etwa 6000 Jahren in der Yang-Shao-Periode erfunden (Diese Kultur ist bekannt durch ihre bemalte Töpferei ca. 4000 v. Chr.). Mehr als 1300 Jahre später entwickelten die Chinesen das aus dem Kokon der Seidenraupenpuppe hergestellte Seidengewebe. Vor einigen Jahren wurde ein kleines Stück Seide gefunden, das den Ursprung des Handwerks belegt.

Das Buch Shang Shu (尙書), vor 2000 Jahren geschrieben, liefert die früheste bekannte Beschreibung über Stickerei, hergestellt in der Zeit der legendären Könige Yu und Shun (虞舜). Überreste von gestickten Geweben auf Bronzen, die bis zu 3000 Jahre alt sind, beweisen, daß Sticktechniken spätestens seit der Shang (商)- Dynastie in Gebrauch waren. Das älteste fein gearbeitete Stück bestickten Gewebes wurde im sogenannten Tzu (楚)-Grab gefunden, es stammt aus der zweiten Hälfte der Zeit der kämpfenden Reiche (500-221 v.Chr.). Dieses Fragment ist ein Beweis für das bereits fortgeschrittene Stadium des Handwerks zu jener Zeit.

Dieses Stück Gewebe sowie auch das aus der Shang-Dynastie zeigen, daß der Kettenstich bereits in den ältesten Stickereien angewandt wurde. Bestickte Gewebe waren jedoch nicht weit verbreitet. Während der Chou-Zeit war das Interesse an dieser Kunst begrenzt auf den Adel. Ein Gesetz verbot damals den Verkauf von Perlen, Jade, Brokat und besticktem Gewebe an das gemeine Volk. Erst in den Jahren nach der Periode der streitenden Reiche war die Seidenherstellung eine bedeutende Tätigkeit unter den Bauern.

Der frühe Kettenstich oder der ineinandergreifende Stich veränderte sich kaum über die Jahre und blieb bis zur Han (漢) -Zeit dominierend. Neue Sticktechniken wurden erst während der Zeit der Nördlichen und Südlichen Dynastien entwickelt, um Buddha und Motive menschlicher Figuren darzustellen. Neue Effekte wurden durch die Anwendung des sog. Satin- und Kernstiches erzielt. Nach jahrtausendelanger, beständiger Anwendung wurde der Kettenstich allmählich durch neue Stichtechniken ersetzt.

Die Stickereien der T'ang-Dynastie nehmen gewöhnlich die gesamte Oberfläche eines Stoffes ein, sie sind mit kurzen Stichen gearbeitet. Häufig wurde auch mit Applikationen von Gold, Silber und Perlen gearbeitet. In der Sung-Dynastie erreichte die chinesische Kunst ihren Höhepunkt. Kalligraphie, Malerei, Töpferei, Tapisserie und Stickkunst waren so vollkommen wie nie zuvor oder später in der chinesischen Geschichte. Gestickte Gemälde wurden von der Regierung in Auftrag gegeben. Die Sung-Stickerei ist charakterisiert durch üppige Bilder in delikaten, fein abgestimmten Farben. Die Nadeln waren so fein wie ein Haar.

In der Yuan-Dynastie herrschten die Mongolen in China, die Kunst verflachte. Auch die Stickkunst war gröber als zuvor. In der Ming- Zeit erfuhr die Stickkunst dann wieder einen Aufschwung. Die berühmtesten Künstler dieser Zeit waren die Frauen der Familie Ku (顧). Im Ku-Stil benutzte man hauptsächlich den Satinstich, ergänzt durch den Kernstich und den Begrenzungsstich, und noch leuchtendere Farben als in der Sung-Zeit. Der Effekt verschiedenartiger Gewebe wurde durch den Gebrauch unterschiedlichen Materials erreicht. Die Künstlerinnen benutzten Seide, Vogelfedern (wie z.B. Schwanzfedern des siamesischen Kampfhahns oder Pfauenfedern), Blattgold und Menschenhaar.

Obgleich die Stickkunst der Ming-Dynastie nicht so detailfreudig und zierlich war wie die der Sung-Zeit, in der Künstler manchmal sogar Pinsel benutzten, um Farben aufzutragen, so war sie doch vielfältiger im Gebrauch von Material und Farbe.

Die Stickstile der Ch'ing-Dynastie waren benannt nach den Gegenden aus denen sie stammten: Su (蘇), Yueh (粵), Ching (京), Shu (蜀), Hsiang (湘), Wen (溫) und Ming (閩). Methoden und Motive variierten von Ort zu Ort, wobei ständig neue Stickmethoden aufkamen. Bereits in jungen Jahren erhielten die Mädchen Stickunterricht. Sticken wurde als weibliches Handwerk und stellvertretend für ihre Tugend betrachtet. Die Arbeiten, die die Mädchen über die Jahre hinweg schufen, wurden Teil ihrer Mitgift. Die Frauen ärmerer Familien brachten oft das Einkommen aus ihrem Handwerk als Mitgift, da talentierte Frauen hohes Ansehen genossen. Im traditionellen chinesischen Haus waren fast alle aus Stoff hergestellten Dinge mit Stickarbeiten geschmückt: Sitzpolster, Tischtücher, Vorhänge, Türgehänge, Tapisserien, Stellwände, Tagesdecken und Kissen. Auch die Kleidung war bestickt; formelle Trachten, Mützen, Schuhe, Geldbeutel und Duftkissen waren alle in schönen Farben bestickt. Die große Nachfrage nach derlei Verzierungen hielt die Frauen jede verfügbare Minute am Stickrahmen fest.

WERKZEUG UND MATERIAL FÜR DIE STICKEREI

— Werkzeug

Rahmen (hölzerne Spannvorrichtung zur Justierung und Straffung des Gewebes), Metallnadeln, Garnschneider, Nadelkissen und Designmuster aus Papier. Die Rahmen waren gewöhnlich rechteckig, nur selten wurden runde benutzt. Die rechteckigen Rahmen waren in der Größe verstellbar und beschädigten das Seidentuch nicht, was bei den runden vorkommen konnte.

Die frühesten bekannten Nadeln waren aus Knochen oder Tierzähnen. In späterer Zeit waren sie sämtlich aus Messing oder Eisen.

— Übertragung der Muster

Gewöhnlich benutzten die Frauen bereits entworfene Vorlagen. Nur Spezialisten zeichneten ihre eigenen Entwürfe direkt auf das Gewebe. Es gab mehrere Methoden, das Design auf den Stoff zu skizzieren. Bei der traditionellen Methode der Übertragung benutzte man eine Schablone. Der Künstler schnitt das Muster mit einer scharfen Klinge aus dem Papier aus, dann wurde die Schablone auf das Gewebe gelegt und mit Austernschalenpulver bestreut. Nach dem Entfernen der Schablone blieben die vom Pulver markierten Umrisse zurück, welche dann mit Austernschalenpaste übermalt wurden; das restliche Pulver wurde abgebürstet.

Bei einer anderen Methode benutzte man dünnes Reispapier, dessen Muster lose auf das Gewebe gestickt wurden, so daß nach dem Entfernen des Papiers die gestickten Umrisse vorhanden waren. Motivformen konnten mit Paste aufgetragen werden, über die dann einfach gestickt wurde, so daß nachher keine Markierung mehr sichtbar war.

— Material

Seidengarn und Gewebe wurden ergänzt mit weiteren Materialien, um spezielle Effekte zu erzielen. Es gab normales und geflochtenes Leinengarn. Das normale Garn konnte in feinere Strähnen geteilt werden, um eine glatte und feine Oberfläche zu schaffen. Geflochtenes Garn war dicker und wurde benutzt, um grobe Strukturen wie Baumrinde und Felsen zu sticken. Bevorzugt verwendete man Satinseidengewebe; Gaze wurde oft für Kreuzstiche eingesetzt. Damast war ebenfalls ein gern verwendetes Material.

— Spezielle Zusatzmaterialien

Für spezielle Effekte wurden zusätzliche Materialien verwendet wie z.B. Gold, Silber, Federn, Korallen, Perlen, Menschenhaar und verschiedene Edelsteine.
Blattgold wurde auf Papier oder Schafhaut aufgeklebt.
Mit Gold beschichtetes Garn: Goldfolie wurde in schmale Streifen geschnitten und um das Seidengarn gewickelt.
Golddraht: Mit Gold beschichteter Messing- oder Silberdraht.
Pfauengarn: Pfauenfedern wurden zu Fäden gedreht.
Haar: Vor allem das besonders weiche Babyhaar wurde benutzt.

Stichtypen

Es ist nicht ratsam, beim Beginn des Stiches das Garnende zu verknoten, da dies die Gewebeoberfläche grob macht. Die Nadel einfädeln, das Garnende einige Zentimeter überhängen lassen, nach mehreren kurzen Stichen das Fadenende an das Gewebe heften, und Sie können anfangen zu sticken. Das Garnende wird dann unter der bestickten Oberfläche verschwinden.

Die wichtigsten Stiche sind:

- Der Begrenzungs- oder Linienstich (單線綉): zum Sticken von Linien und Kanten.
- Der Satinstich (平針綉): aneinandergereihte Stiche zur Flächenfüllung; bewirkt glatte und glänzende Oberflächen.
- Der Lang- und Kurzstich (長短針綉): im allgemeinen für große Flächen verwendet; schafft einen dreidimensionalen Effekt und Farbtonvariationen.

— Der Kettenstich (鎖針綉): bei jedem Stich läßt man eine kleine Schlaufe zurück, die mit dem jeweils folgenden Stich eingefangen wird. Wenn die Schlaufen ineinandergreifen, spricht man vom "ineinandergreifenden Kettenstich".
— Der Fixierstich (灑線綉): ein Heftstich; gröbere Garnmaterialien werden mit kleinen Stichen in gleichen Abständen angeheftet.
— Der Kern- oder Knotenstich (結子綉): nach der Aufwärtsbewegung der Nadel wird der Faden ein paarmal um die Nadel gewunden, danach die Nadel, unter Straffung der Windungen, wieder nahe dem Austrittspunkt eingestochen. Der Stich sollte gleichmäßig ausgeführt werden, nur so erzielt er seine Wirkung. Er wurde auch oft Blindenstich oder verbotener Stich genannt, weil er den Augen sehr schadet und die Eltern ihren Töchtern diesen Stich oft verboten.
— Der Peking-Stich (北京綉): wurde urspünglich in Peking angewandt. Es ist ein Steppstich, bei dem durch die einzelnen Stiche jeweils ineinandergreifende Schlaufen gezogen werden.

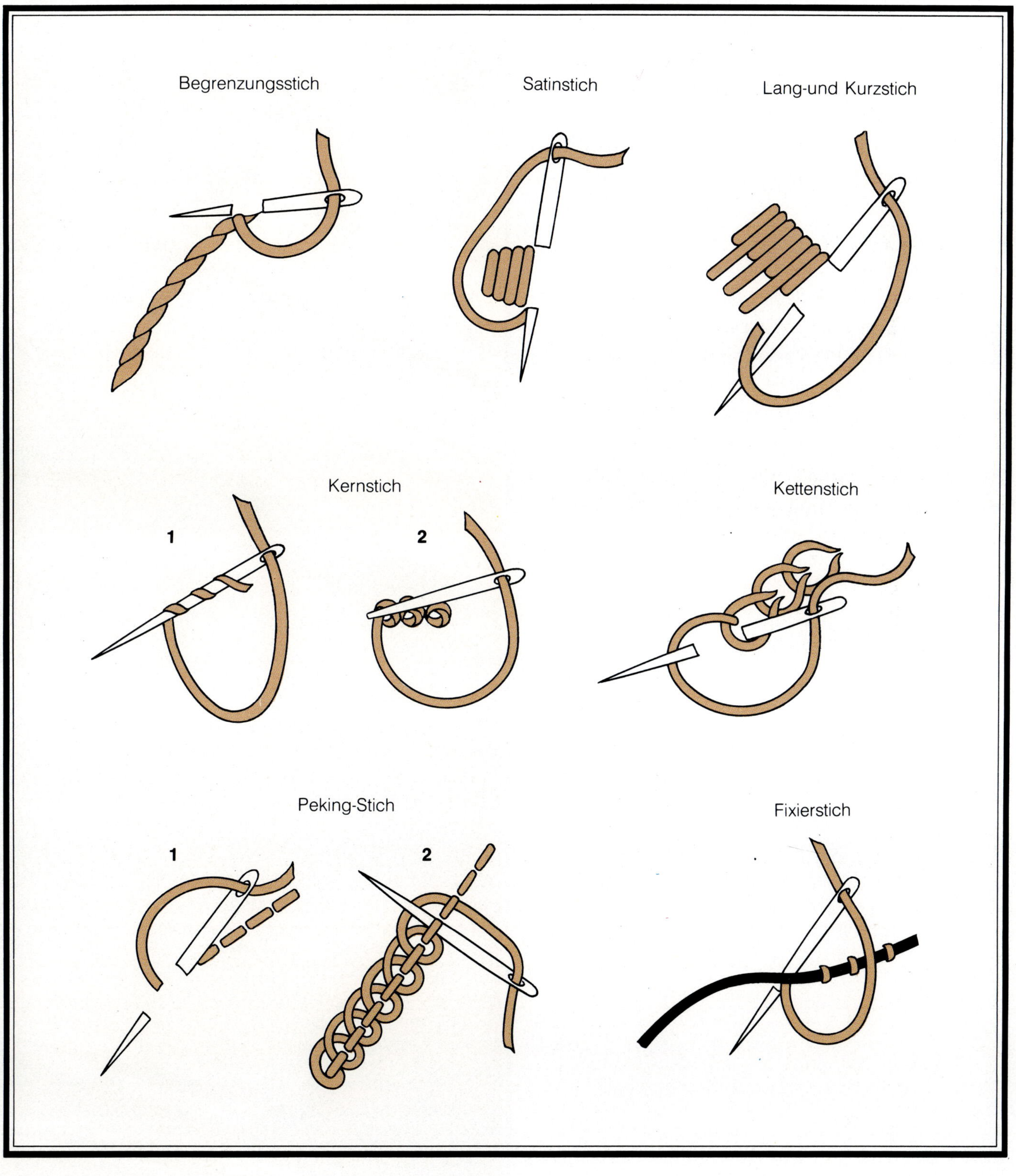

DAS HERZFÖRMIGE SCHMUCK-TÄSCHCHEN

Der herzförmige Beutel wurde auch Dufttäschchen genannt und von Männern und Frauen gleichermaßen als Duftkissen gebraucht. (Sie erfüllten den selben Zweck wie heute das Eau de Cologne). Die Duftbeutel wurden gewöhnlich paarweise in gleichen Farben, Vorder- und Rückseite der Beutel oft in Kontrastfarben angefertigt. Am Gürtel hängend begannen die kontrastierenden Farben beim Gehen ihr Farbenspiel. Solche Beutelchen wurden auch in Nierenform oder in der Form von Goldklumpen hergestellt.

Die Beutel waren mit Papier gefüttert und an der plissierten Öffnung mit Reiskleister versteift. Ein Stück Garn wurde um die Falten an der Öffnung gebunden, durch die Faltenlagen hindurchgezogen und eingenäht. Das Garn ging dann über in eine kompliziert geknüpfte und mit Perlen geschmückte Kordel.

Die Beutel waren normalerweise mit Baumwolle und Duftstoffen gefüllt. Es handelt sich hierbei um die wohl dekorativste Art von allen chinesischen Schmucktäschchen.

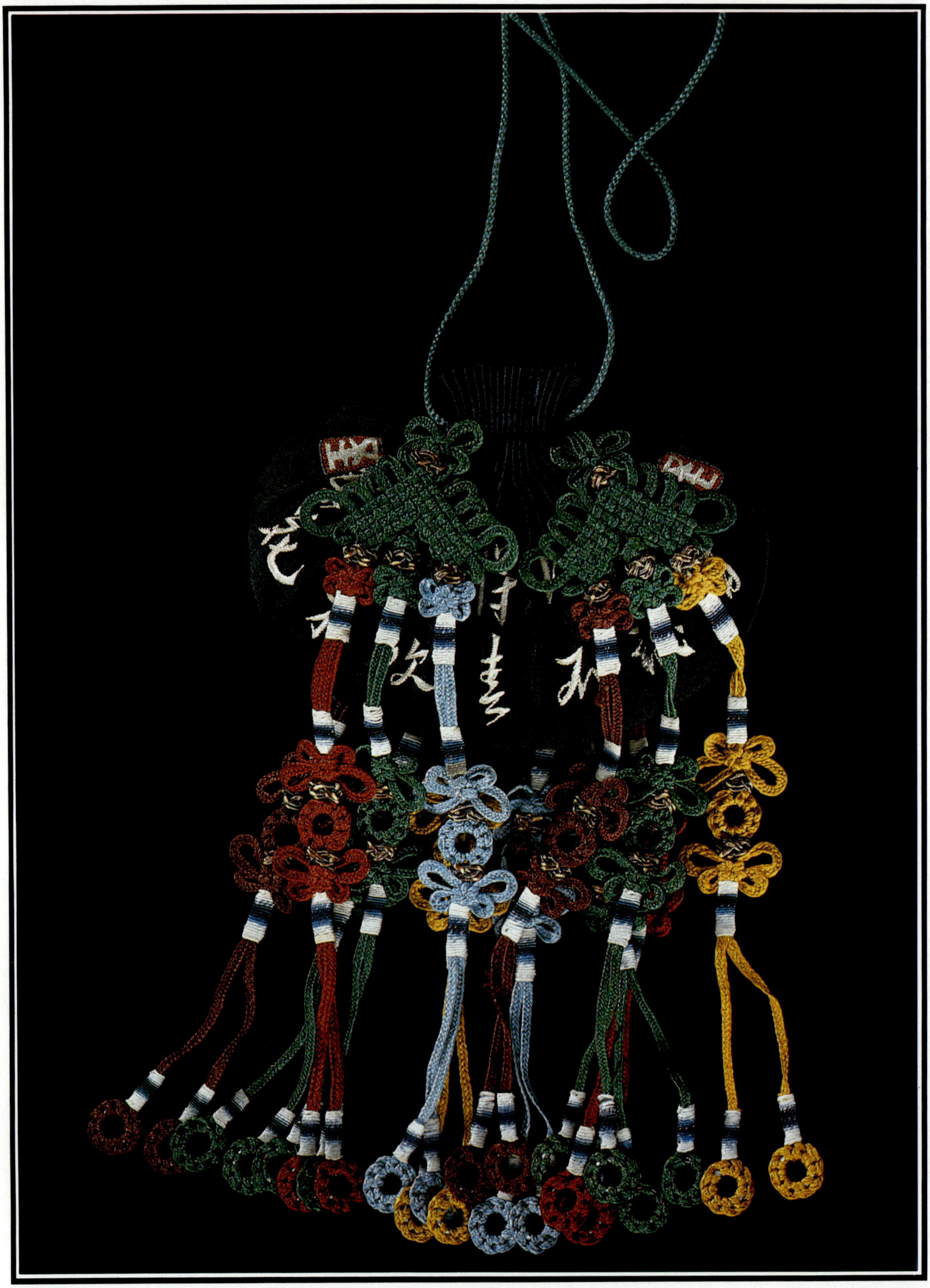

Beutel mit Gedicht auf schwarzem Satin.

Die Schriftzeichen sind in Kursivschrift geschrieben und mit Knopflochstichen gestickt. Farbenprächtige Quasten stehen in Kontrast zum würdevollen Schwarzweiß des Beutels.

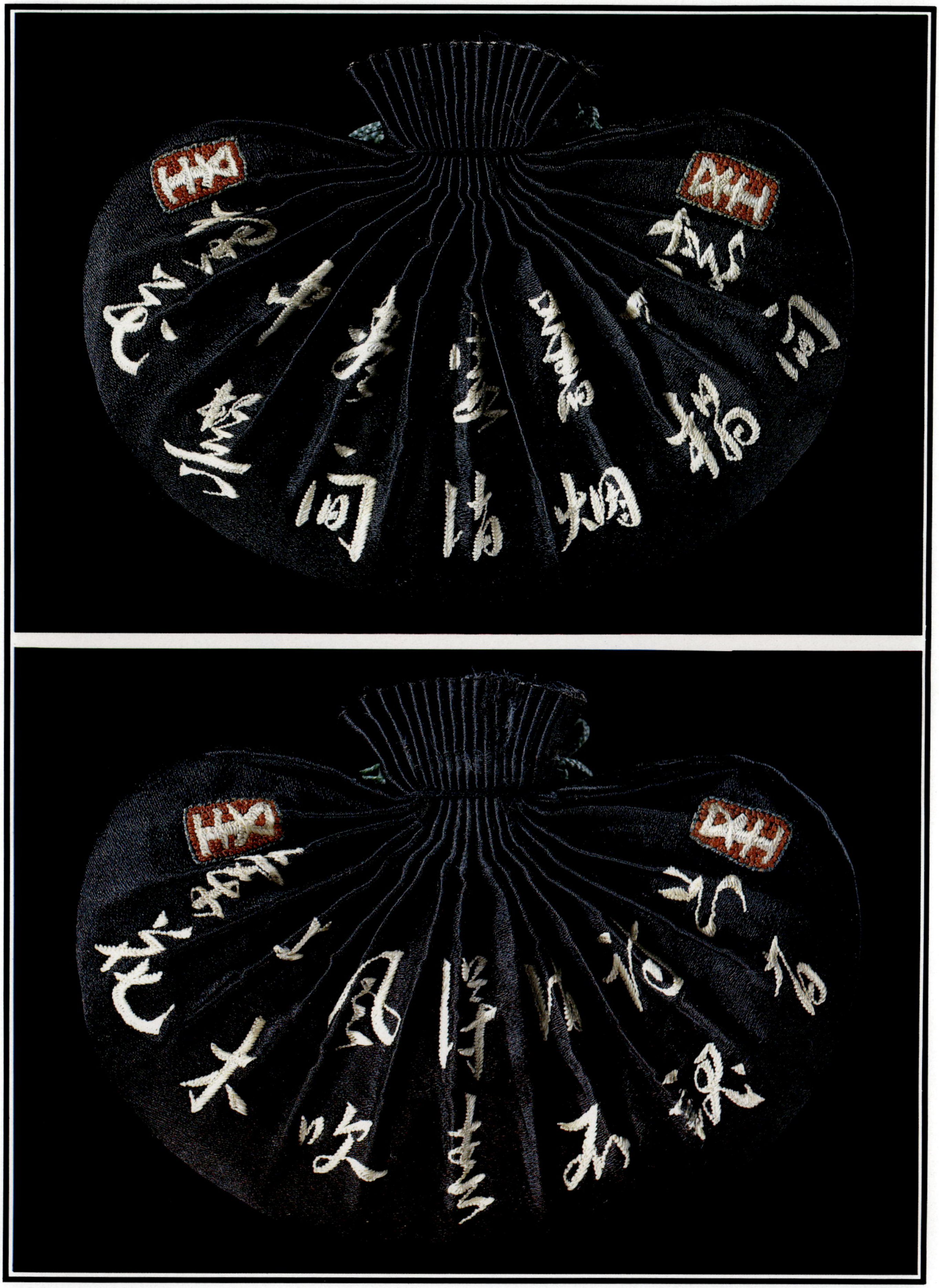

Detail der Kalligraphie

Schmucktäschchen mit dem "Wan-Shou"-Zeichen und Wellenmuster.
Petit-point-Stickerei auf Gaze. "Wan-Shou" bedeutet "langes Leben". (Originalgröße)

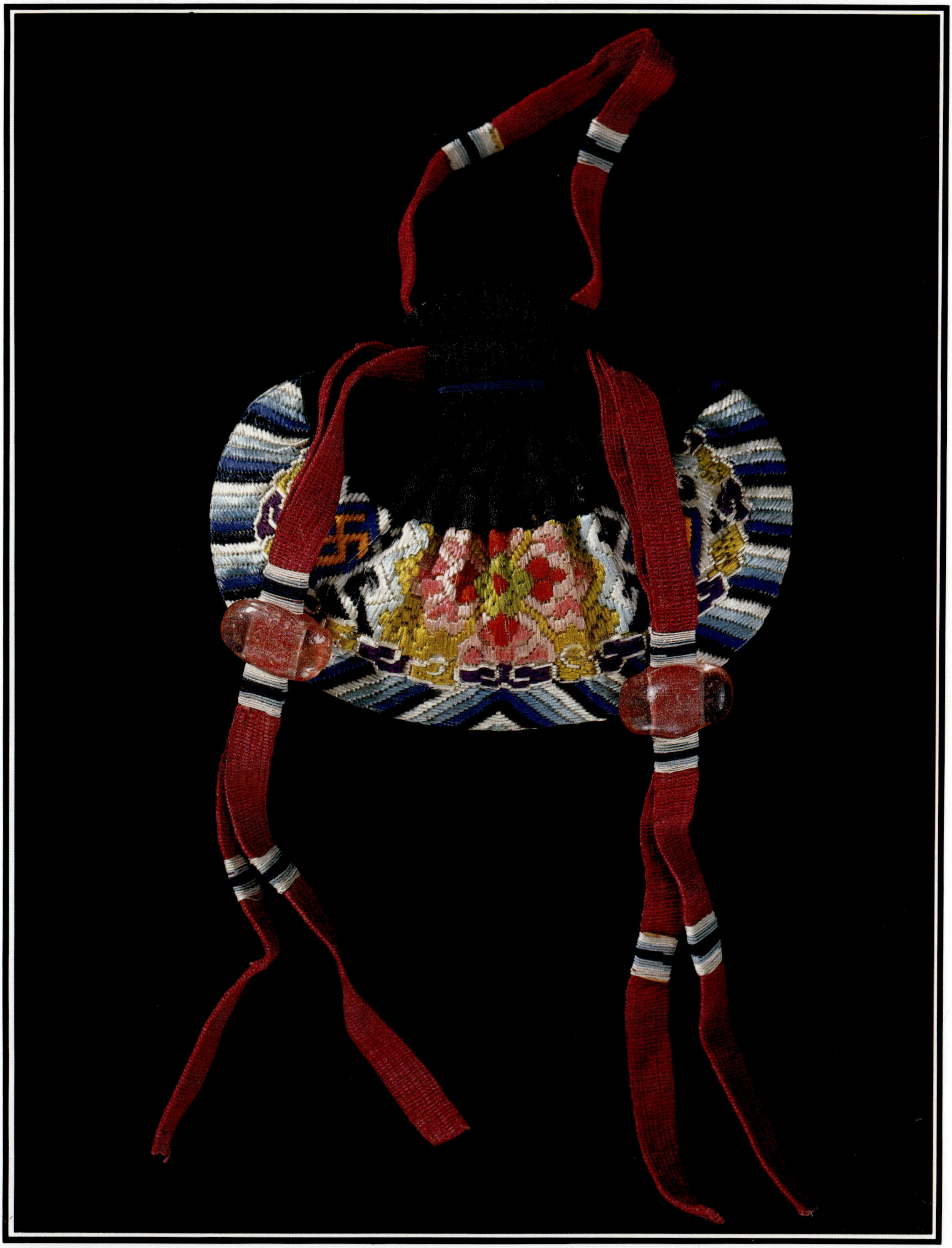

Schmucktäschchen mit Pfingstrose und Swastika.
Petit-point-Stickerei auf Gaze. Die Perlen sind aus Glas.
(Originalgröße)

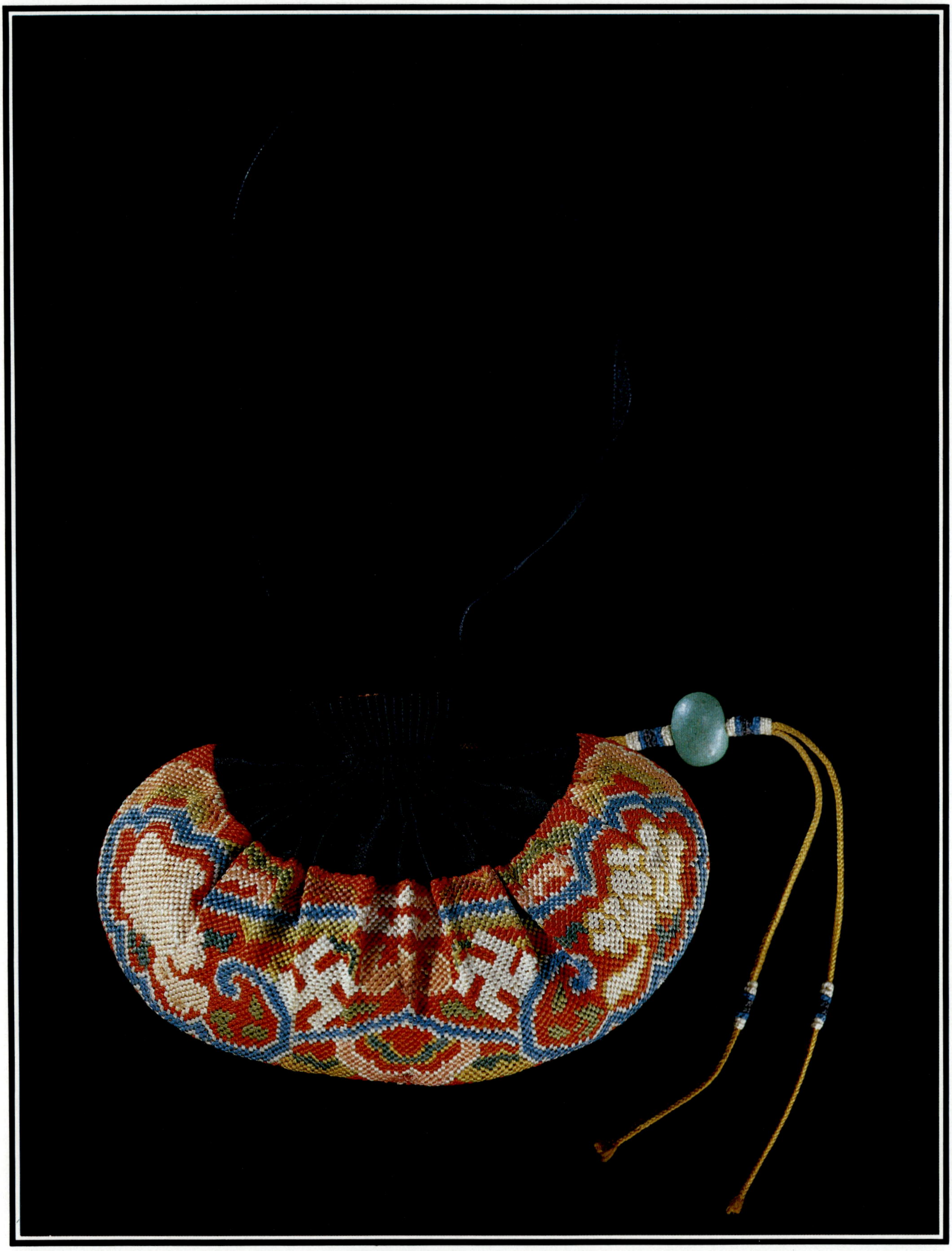

Schmucktäschchen mit Swastika und Fledermaus.
Petit-point-Stickerei auf Gaze. Die "Swastika" war in China seit ungefähr 200 v. Chr. bekannt. Die Fledermaus steht als Symbol für Wohlstand. (Originalgröße)

Beutel mit "Wan-Shou"-Zeichen und Wellenmuster.
Petit-point-Stickerei auf Gaze. Diese Stichtechnik war während der Chia-Ching (嘉慶) - Periode der Ch'ing-Dynastie (1796-1820) populär. (Originalgröße)

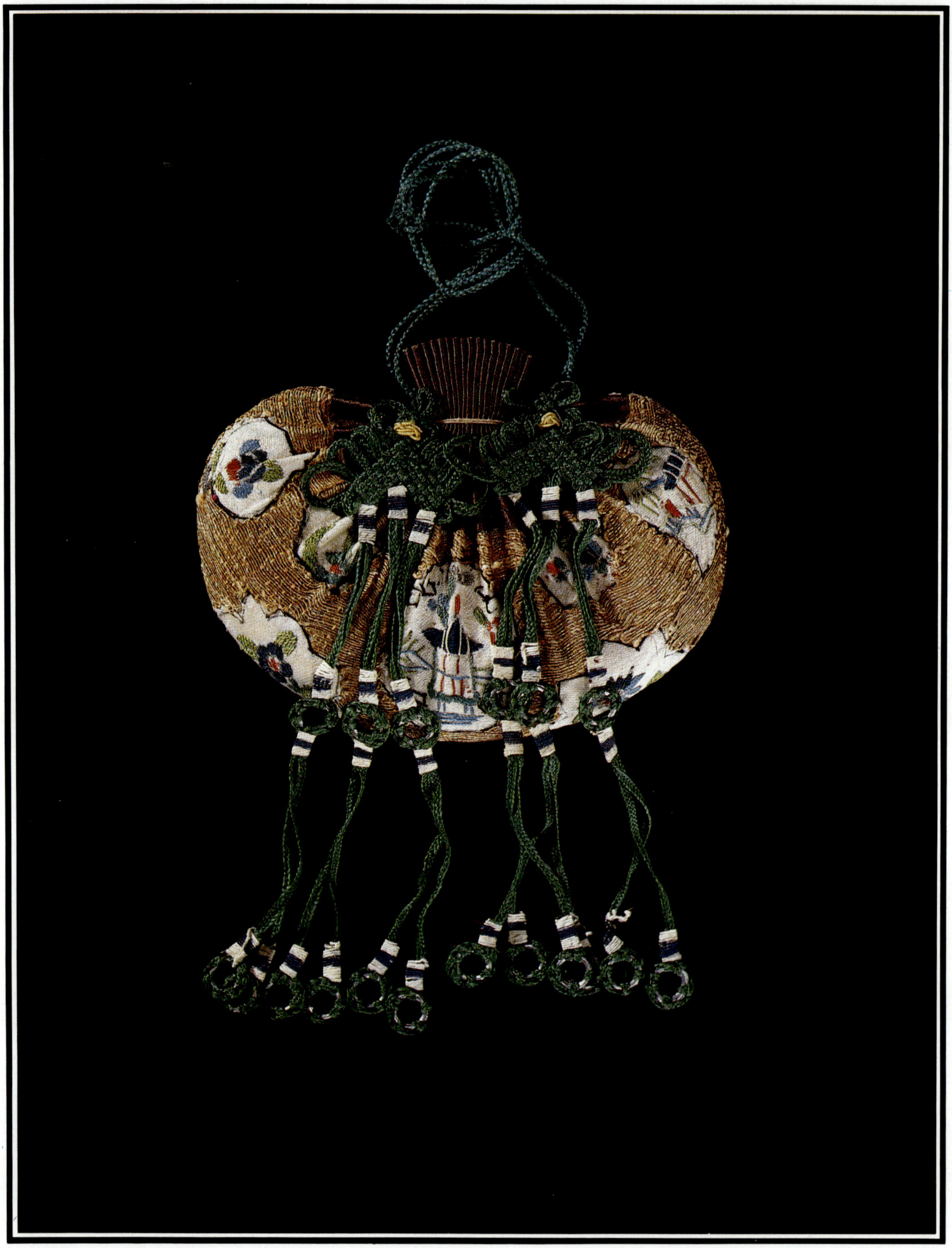

Beutel mit Landschaft auf Gold,
Mit geheftetem Goldfoliengarn für die Flächenstickerei.
(Originalgröße)

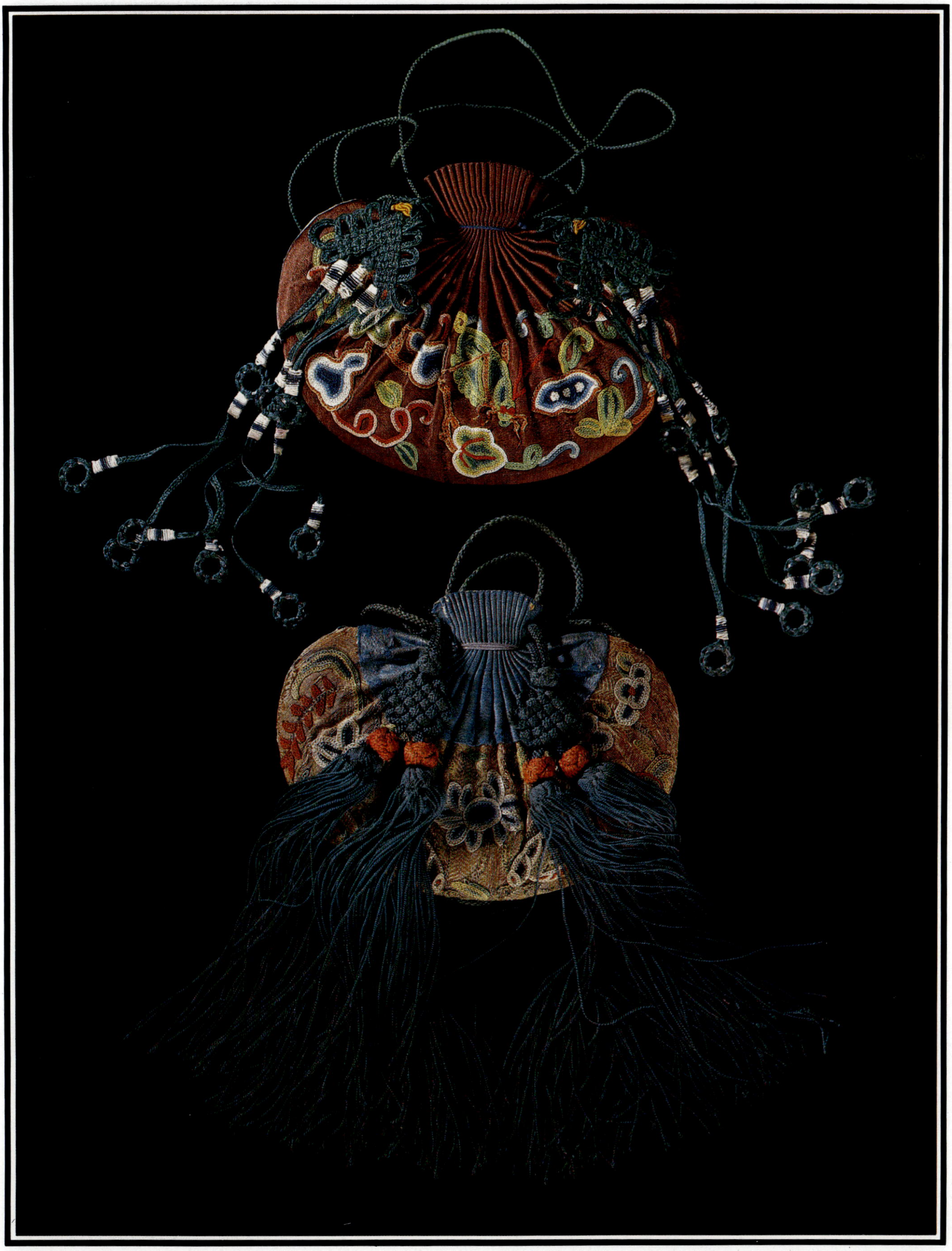

Beutel mit Gras und Grille.
Pekingstich mit geheftetem Goldfaden.

Beutelpaar.
Das Paar ist identisch, mit jeweils unterschiedlichen Farben auf Vorder- und Rückseite. Das Melonen- und Rebenmotiv repräsentiert das Wachstum der Familie.

Beutel mit Melonen.
Gehefteter Gold- und Silberfaden. Die vielen Melonensamen symbolisieren die Hoffung auf viele Kinder.

Beutel mit Pflaumenblüten.
Die Blüten wurden separat aus Seide gefertigt und dann angebracht.

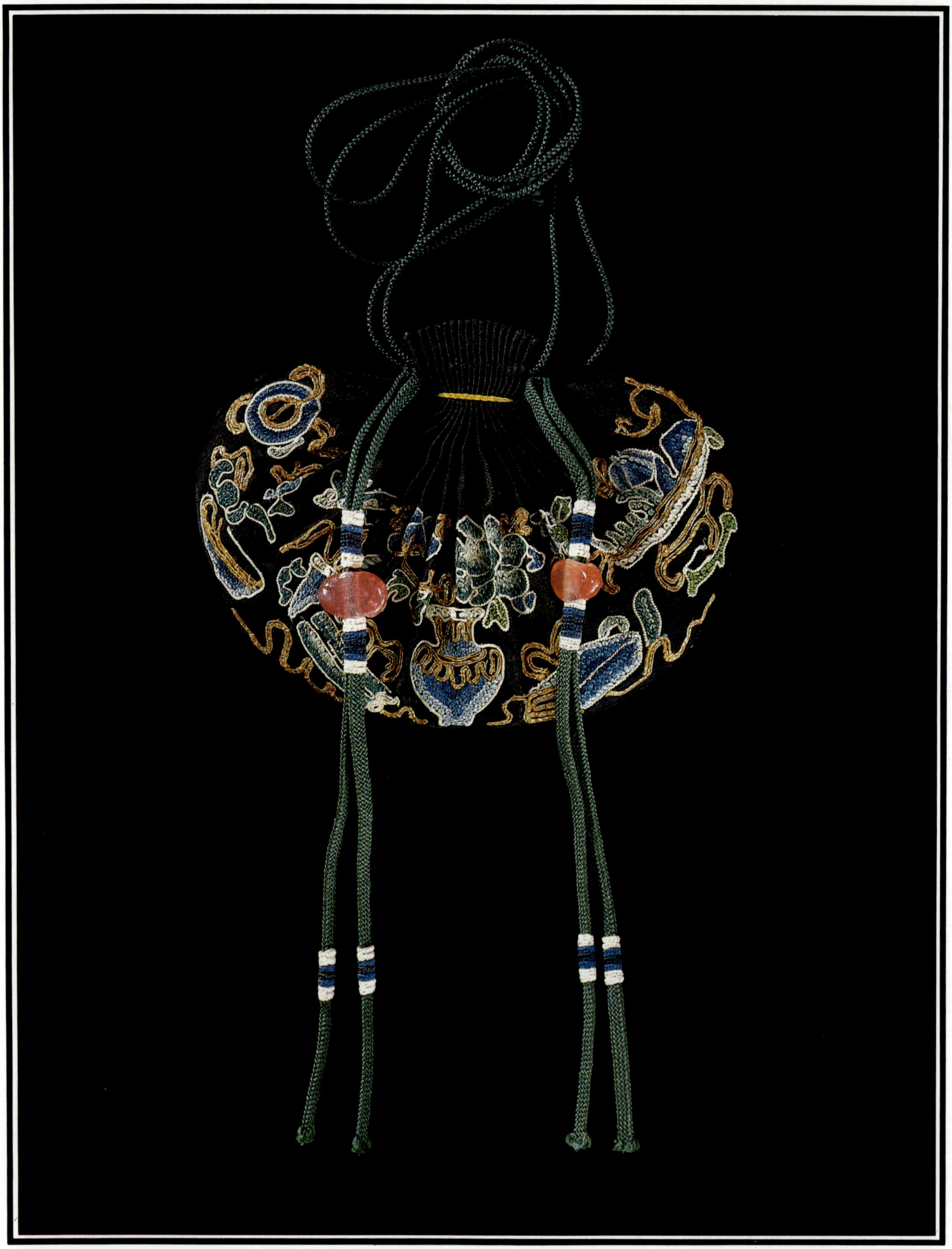

Beutel mit Kostbarkeiten.
Knotenstich mit gehefteter Goldlinierung. Die Motive symbolisieren Wohlstand. (Originalgröße)

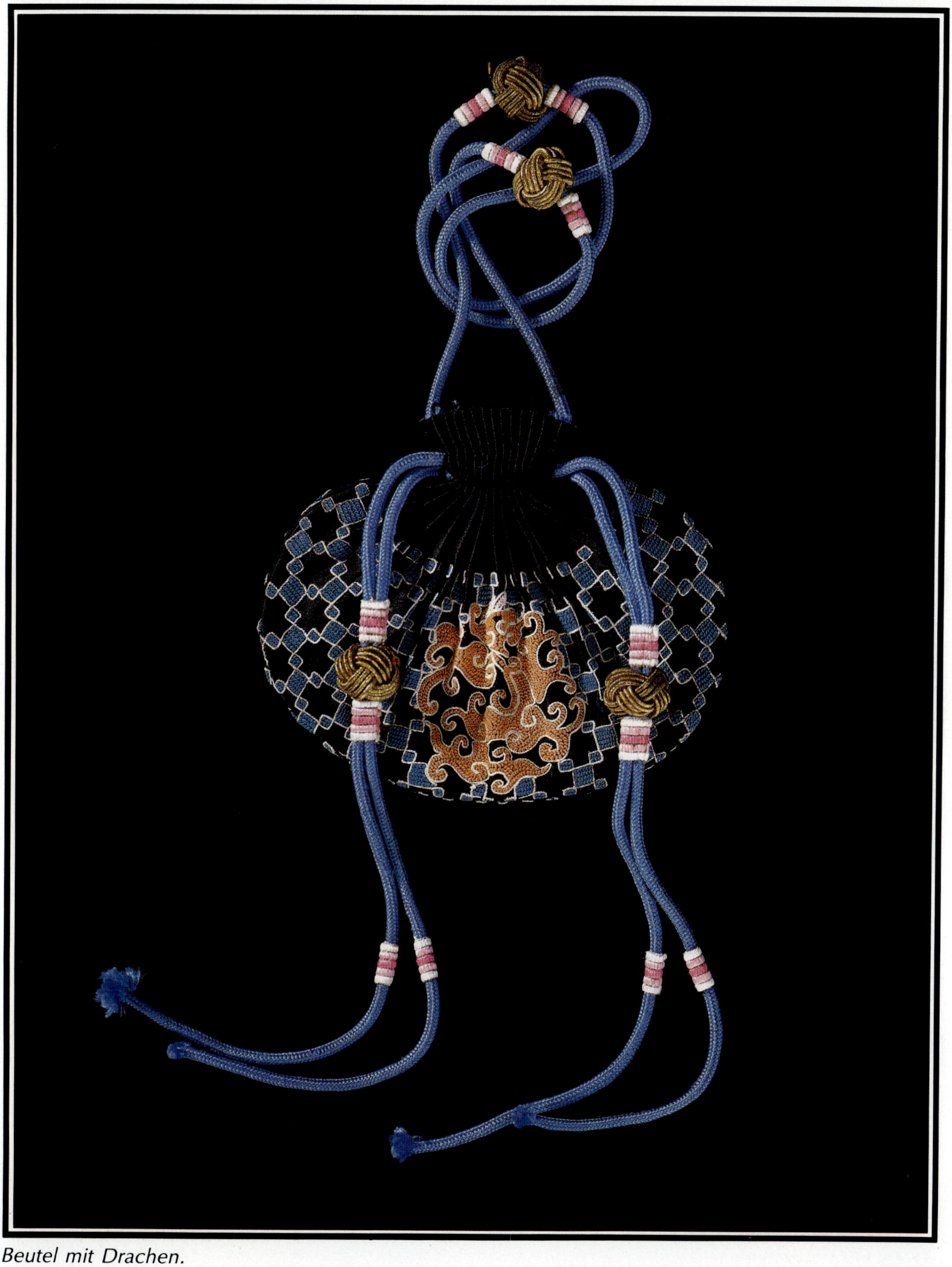

Beutel mit Drachen.
Im Zentrum des Beutels ist ein mit Knotenstich gestickter Drache.

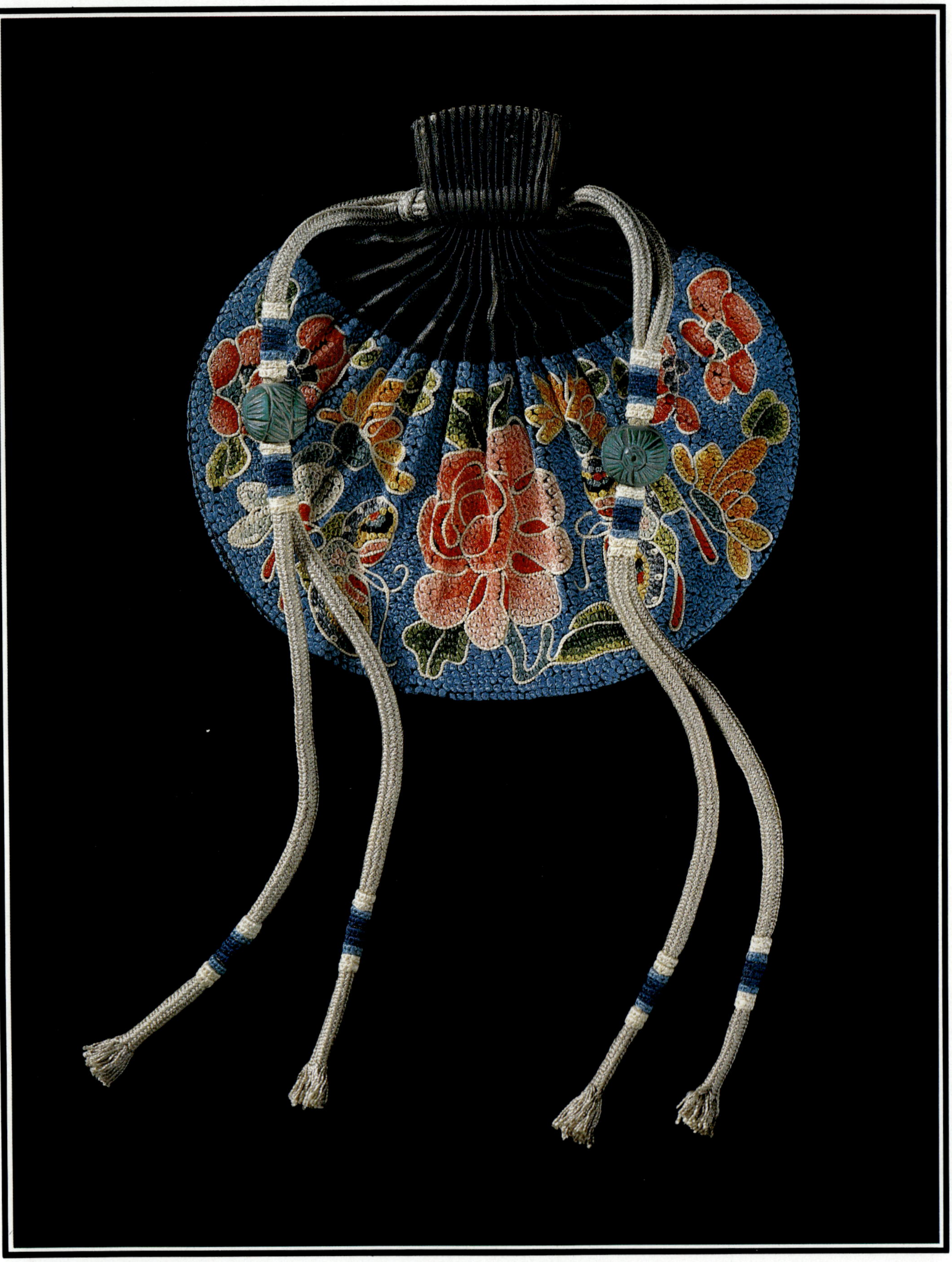

Beutel mit Pfingstrosen.
Schmetterling und Pfingstrose sind die beliebtesten Stickmotive. Das gesamte Design ist im Knotenstich ausgeführt. (Originalgröße)

Beutel mit Pfingstrosen.
Dieser mit Knotenstich bestickte Beutel hat zwei außergewöhnliche Quasten, die das Schriftzeichen für "doppeltes Glück" tragen. (Originalgröße)

Beutel mit Blütenmuster.
Mit Peking- und Knotenstich bestickt. Die beiden Quasten zeigen das Zeichen für ''doppeltes Glück'' (Originalgröße)

Beutel mit Blütenmuster.
Pekingstich; die Holzperlen sind korallenrot eingefärbt.

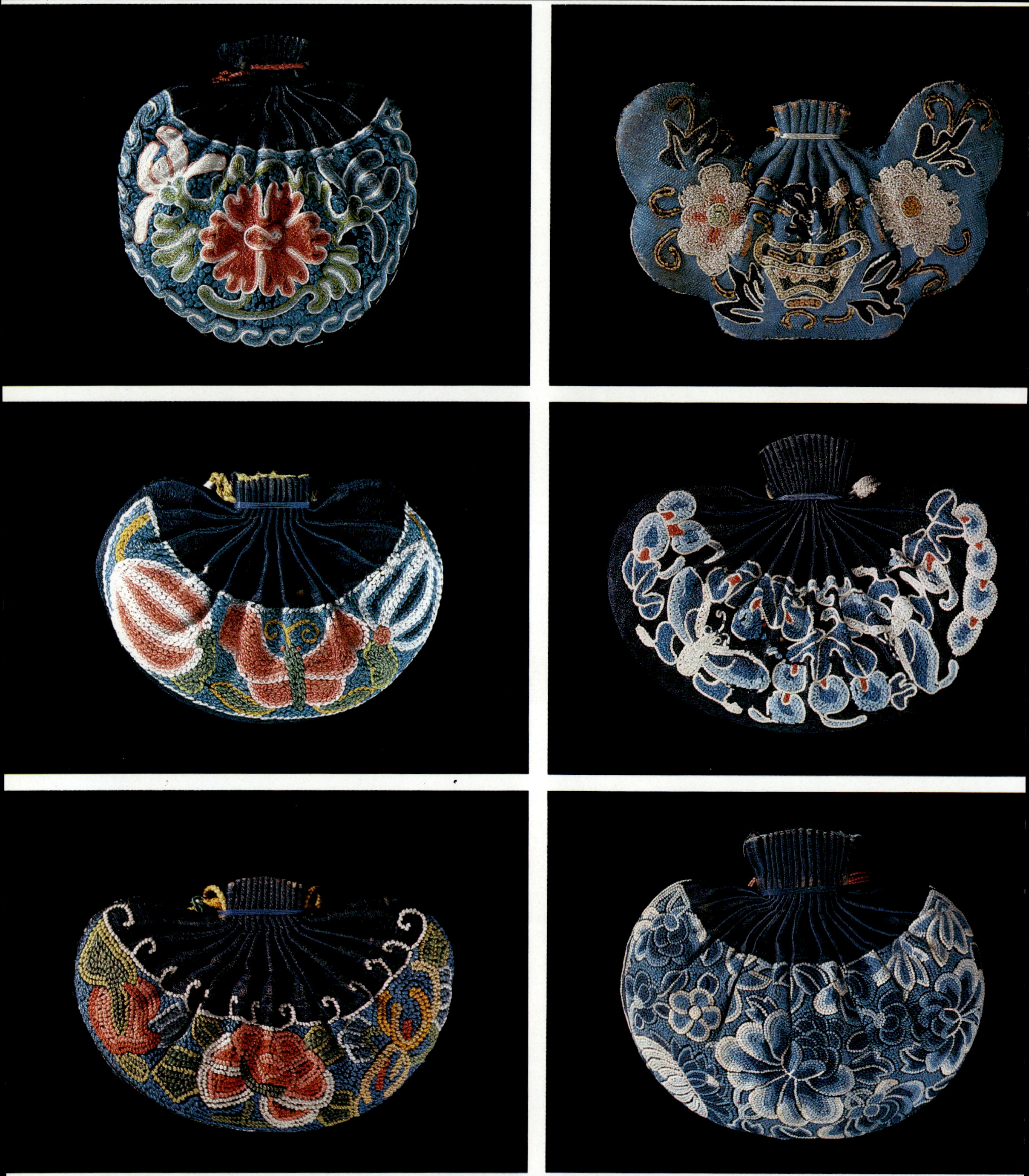

Beutel in verschiedenen Formen;
herzförmig, nierenförmig, rund und in Form von Goldklumpen.

Beutel mit Kalligraphien.
Oft waren Gedichte und Sprichwörter wegen der Schönheit der Kalligraphie auf die Beutel gestickt.

DAS BRILLENETUI

In der Ming-Dynastie kamen Brillen nach China. Nicht jedermann, der eine Brille benötigte, konnte sich eine leisten, da der Naturkristall für die Gläser sehr teuer war. Der wohlhabende Besitzer einer Brille war hoch angesehen. Folglich wurden auch Brillenetuis zu wertvollen und kunstvollen Schmuckstücken für den Ehrenmann.

Die ersten Brillen waren sehr einfach. Weicher Draht verband die Linsen und zusammengefaltet waren sie sehr klein. In der späteren Ch'ing-Zeit hatten die Gläser Rahmen, ähnlich den heutigen Modellen.

Wir zeigen hier drei verschiedene Arten von Etuis. Ein Typ wird in der Mitte geöffnet, ein zweiter hat eine herausziehbare Öffnung am unteren Teil der Hülse und der dritte Typ hat die Öffnung oben. Die Formen variieren von länglich bis rechteckig.

Brillenetuis.
Hirsch und Kranich sind Symbole für Wohlstand, langes Leben und Gesundheit. (Originalgröße)

DAS GÜRTELTÄSCHCHEN

Oft sieht man diese Taschen auf alten Gemälden, die die nomadische Tracht darstellen. Normalerweise hingen sie am Tai-Hsieh-Gürtel.

Diese Art von Taschen hat nur eine verzierte Seite und ist innen noch mehrmals unterteilt. Das ovale Frontstück ist mit Pappe verstärkt. Die Tasche war am oberen Teil etwas breiter als unten, damit sie beim Tragen mit der Kordel bequem gefaltet und befestigt werden konnte. Die meisten der hier gezeigten Gürteltaschen sind neu und wurden noch nie getragen, deshalb sind keine Falten zu sehen, die beim Zusammenziehen des oberen Teils entstehen.

Gürteltasche mit zwei Löwenjungen.

Die Löwen sind ausgepolstert, um dreidimensional zu erscheinen. Die Tasche ist mit Knotenstich bestickt. Die Ränder sind aus Spitze mit darunterliegender Silberfolie. (Originalgröße)

Gürteltasche mit Löwe.
Der mit einem Brokatball herumtollende Löwe ist ein Symbol für friedliches Genießen. (Originalgröße)

Vergrößertes Detail

Gürteltasche mit Pfingstrose und Schmetterling.
Die Pfingstrose ist mit Knotenstich gestickt, der Hintergrund und die anderen Blumen mit Satinstich.
(Originalgröße)

Tasche mit Pfingstrose und Schmetterling.
Die Melonen mit den vielen Kernen symbolisieren eine glückliche Familie mit vielen Kindern. Der Schmetterling und die Pfingstrose stehen auch für gute Wünsche. Das gesamte Design ist mit Knotenstich gearbeitet. (Originalgröße)

Vergrößertes Detail

Tasche mit Szenen aus dem Theater.

Die Szene stammt aus einer bekannten chinesischen Oper. Ein Mädchen, begleitet von einer Dienerin, wird im Garten unterrichtet. Mit Ausnahme der Gesichter, die mit Satinstich gestickt sind, ist die ganze Tasche mit Pekingstich gefertigt. (Originalgröße)

Vergrößertes Detail

Tasche mit mythischen Figuren.

Die beiden Figuren, die Lotosblüten und ein rundes Schächtelchen halten, galten als Glücksbringer für die Hochzeit. Knotenstich. (Originalgröße)

Vier Taschen mit Kostbarkeiten.
Die Taschen tragen Symbole für Wohlstand und wohlergehen. Goldklumpen und Koralle stehen für Reichtum, Pfirsich und Pilz für Gesundheit, Fledermaus und Buddhas Hand für Glück. Alle Taschen sind mit Pekingstich bestickt.

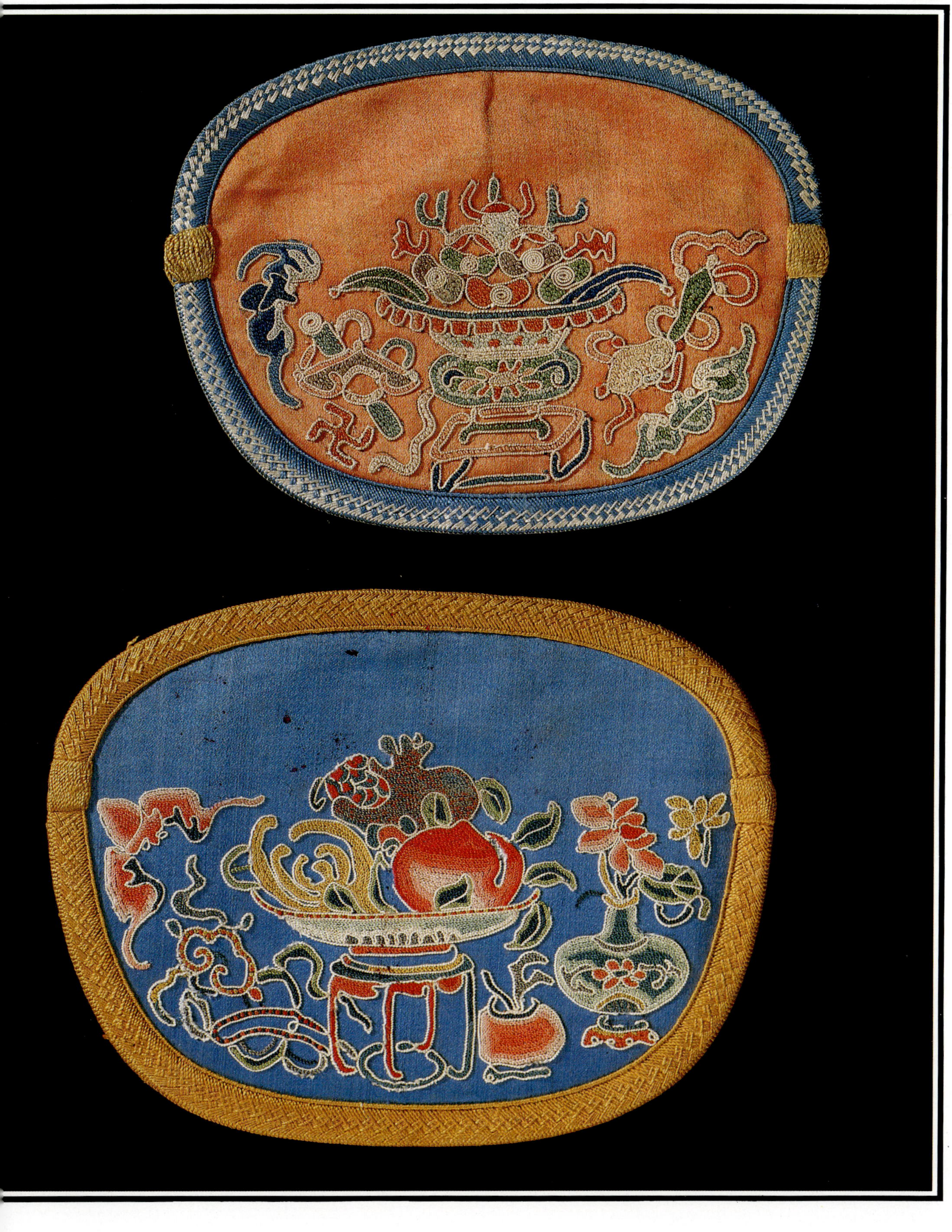

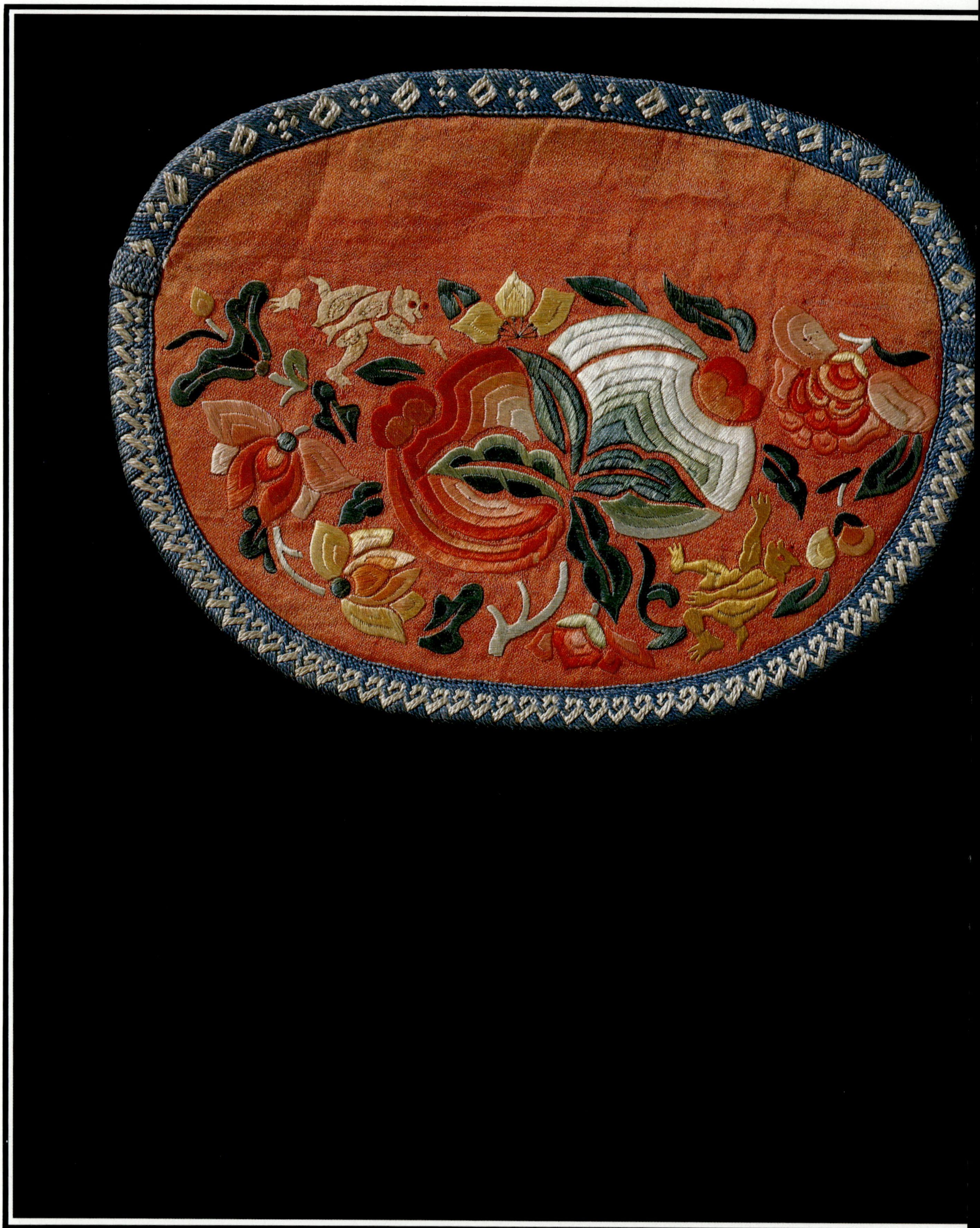

Mit Satinstich bestickte Gürteltaschen.

Der legendäre Affe soll die "Pfirsiche der Unsterblichkeit" gestohlen haben. Die Tasche war vermutlich ein Geburtstagsgeschenk. Der mythische Phönix ist ein Symbol für Frieden und Wohlstand. (Originalgröße)

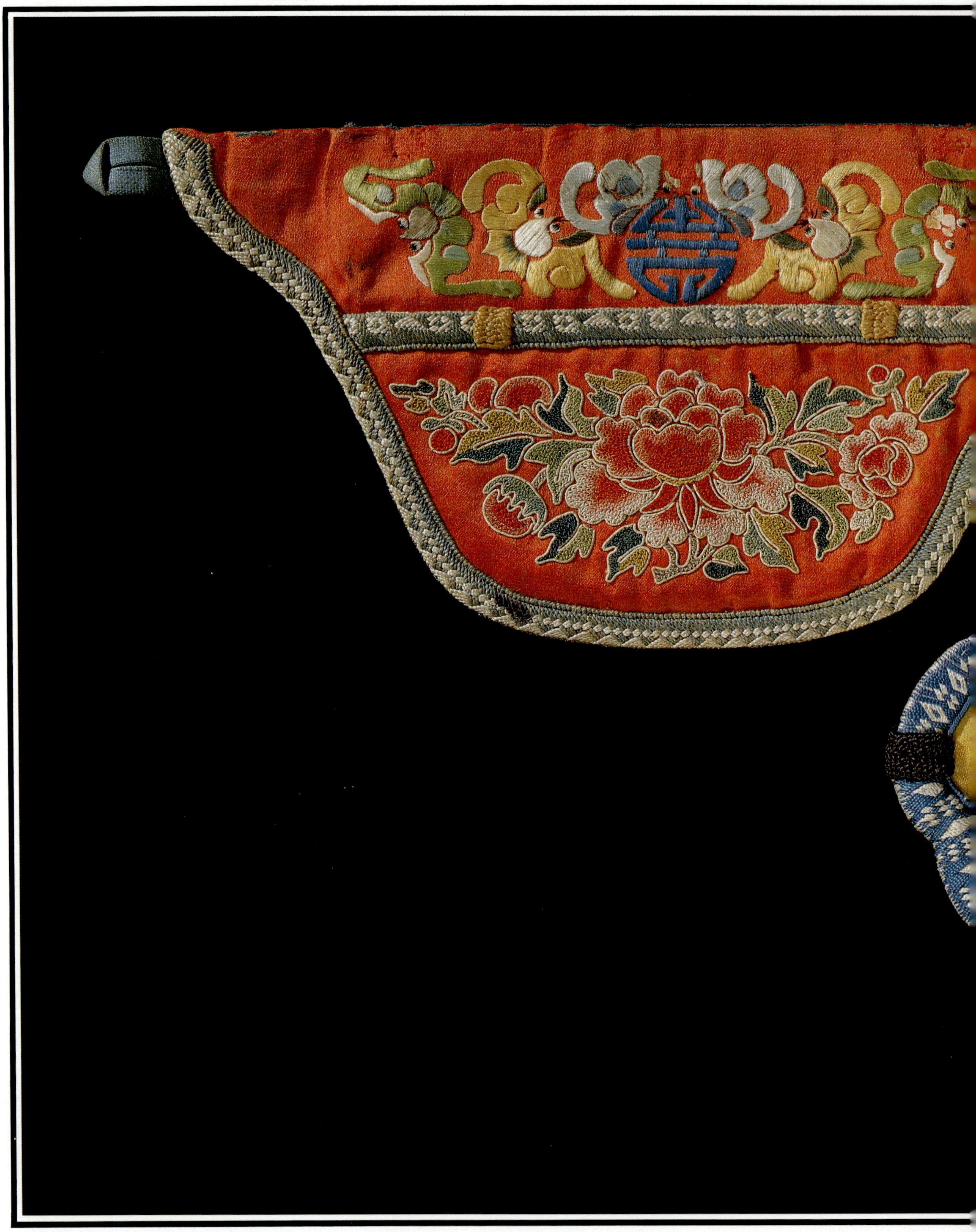

Zwei Gürteltaschen in außergewöhnlicher Form.
Die linke hat zwei Knopflochschlaufen, vermutlich zur Befestigung am Rock. Die rechte ist der Form eines Schmetterlings nachempfunden. Beide Taschen sind mit Knotenstich gearbeitet. (Originalgröße)

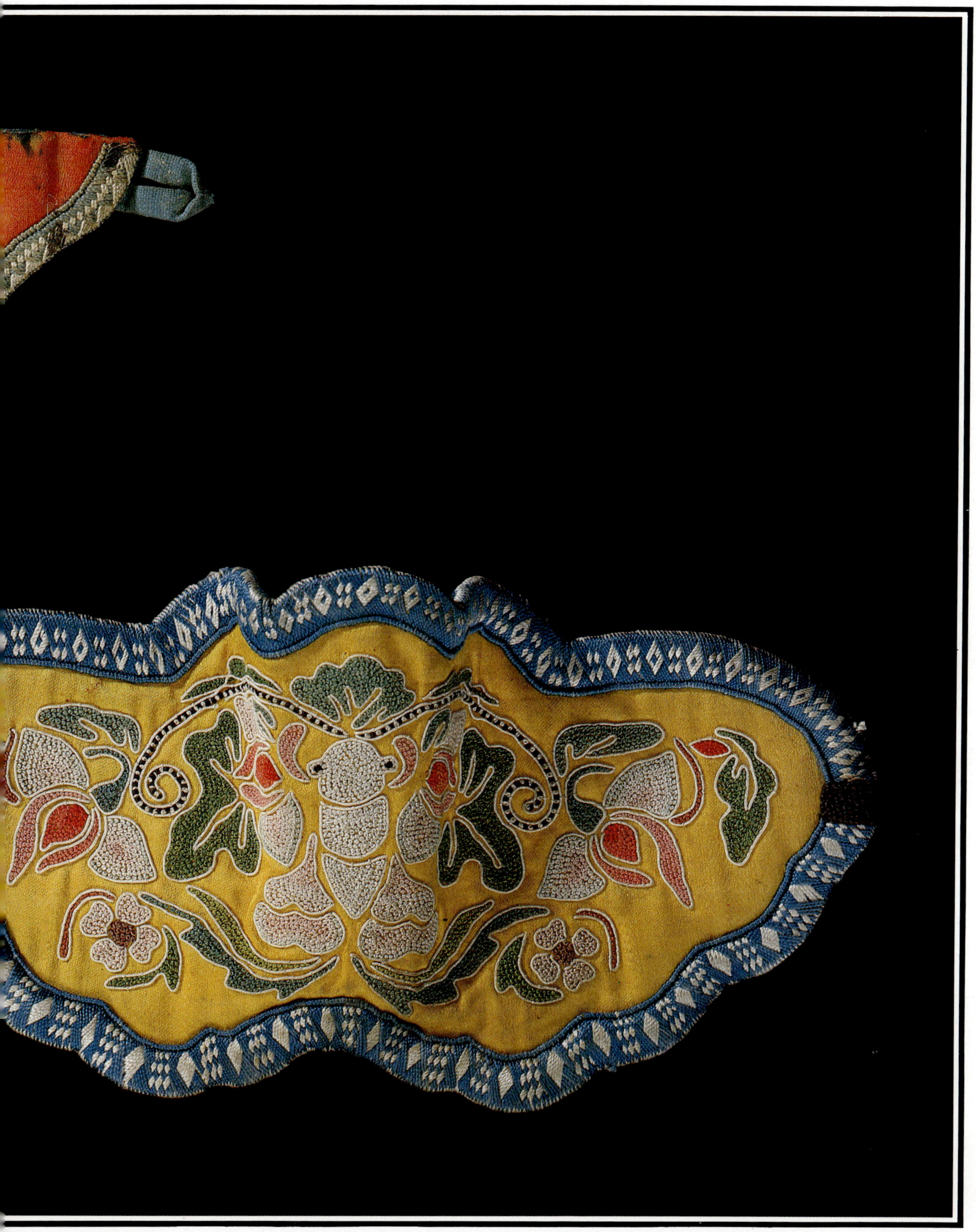

Zwölf Gürteltaschen.
Die Ränder sind mit dickem Garn in kontrastierenden Farben und in den verschiedensten Mustern gestickt. Bei zwei Taschen sind die Ränder einfarbig, als Kontrast zu den diffizilen geometrischen Mustern der Taschen.

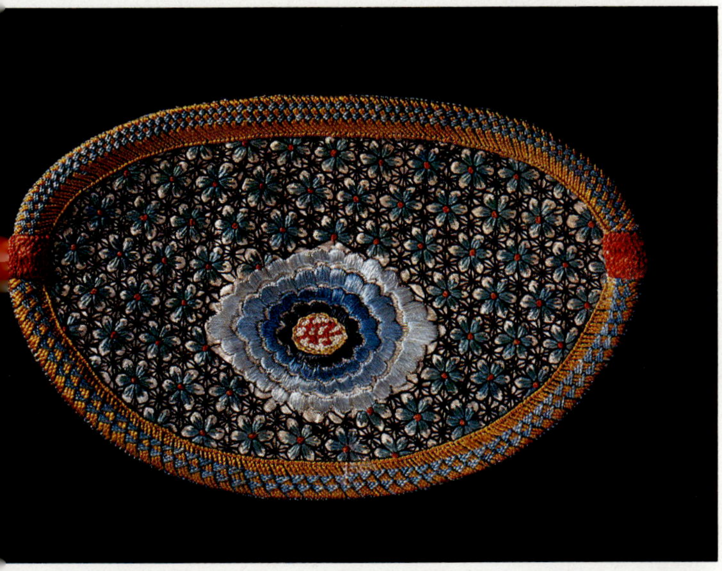

DAS RECHTECKIGE TÄSCHCHEN

Falls die Schmucktäschchen nichtvorhandene Taschen an der Kleidung ersetzen sollten, wie eine Theorie besagt, so sind diese Täschchen wohl das überzeugendste Beispiel. Sie sind auf beiden Seiten bestickt und haben auf beiden Seiten Klappen.

Sie sind im Gegensatz zu den runden Beuteln nicht nur an einer Seite, sondern beidseitig mit Pappe verstärkt und sind innen in drei Fächer geteilt. Eine Kordel ist auf beiden Seiten durch den Rand gezogen, die dann am unteren Teil des Täschchens zu einer Quaste wird. Es gibt auch einseitig gearbeitete rechteckige Beutel. Diese haben am oberen Falz der Klappe eine Stofflasche, durch die der Gürtel gezogen wird.

Gürteltäschchen mit "Chi-Lin" und Phönix.
In der Überlieferung heißt es, daß "Chi-Lin" und Phönix nur dann erscheinen, wenn Frieden im Reich herrscht. (Originalgröße)

Vergrößertes Detail von S.60.
Dies ist ein bemerkenswertes Beispiel der Stickkunst aus der Ch'ing-Zeit, qualitativ sicherlich für den Kaiserhof tauglich.

Zwei Hähne.
Ein auf dem Felsen stehender Hahn und der Hahnenkamm sind verbreitete Symbole für Wohlstand. (Originalgröße)

Theaterszene.

Mit Knotenstich bestickte Tasche. Die Szene stellt zwei Männer und eine Frau auf der Reise dar. Die Anmut dieser Tasche liegt in der naiven Gestaltung ihrer Stickerei. (Originalgröße)

Vase mit Pfingstrosen.
Dieses Stilleben versinnbildlicht Frieden und Wohlstand. Hinter der Vase ist ein stilisiertes "Ju-i"-Zeichen (Dritte Hand) zu sehen. (Originalgröße)

Vergrößertes Detail.
Die Tasche ist fein bestickt, hauptsächlich mit Peking-stich. Die Umrisse sind aus weißem, geflochtenem Garn.

Täschchen mit Grillen im Gras.
Die Grillen sind mit Watte ausgepolstert, um eine dreidimensionale Wirkung zu erzielen. (Originalgröße)

Vergrößertes Detail
Mit Pekingstich sowie Lang- und Kurzstich bestickt.

Einseitiges Täschchen mit Vögeln und Blumen.
Mandarinente und Elster sind Sinnbilder des Glücks. Die Tasche ist mit Pekingstich und Lang- und Kurzstich gearbeitet. (Originalgröße)

Einseitiges Täschchen mit Vögeln und Blumen.
Der Pfau steht für Wohlstand. Sticketchnik: Pekingstich, Lang- und Kurzstich. (Originalgröße)

Einseitige Tasche mit Elster und Hahn.
Bestickt mit Pekingstich und Lang-und Kurzstich.
(Originalgröße)

Einseitige Tasche mit Wachtel und Hahn.
Sticktechnik: Pekingstich und Lang- und Kurzstich (Originalgröße)

Doppelseitige Tasche mit Wachtel und Eisvogel.
Die Rückseite in schwarzweißem Satin ist mit anderen Vögeln bestickt. Lang- und Kurzstich und Pekingstich. (Originalgröße)

Doppelseitige Tasche mit Hähnen und Elster.
Die Rückseite zeigt andere Vögel. Lang- und Kurzstich und Pekingstich. (Originalgröße)

Täschchen mit Fasanen und Singvögeln.
Lang- und Kurzstich und Satinstich.

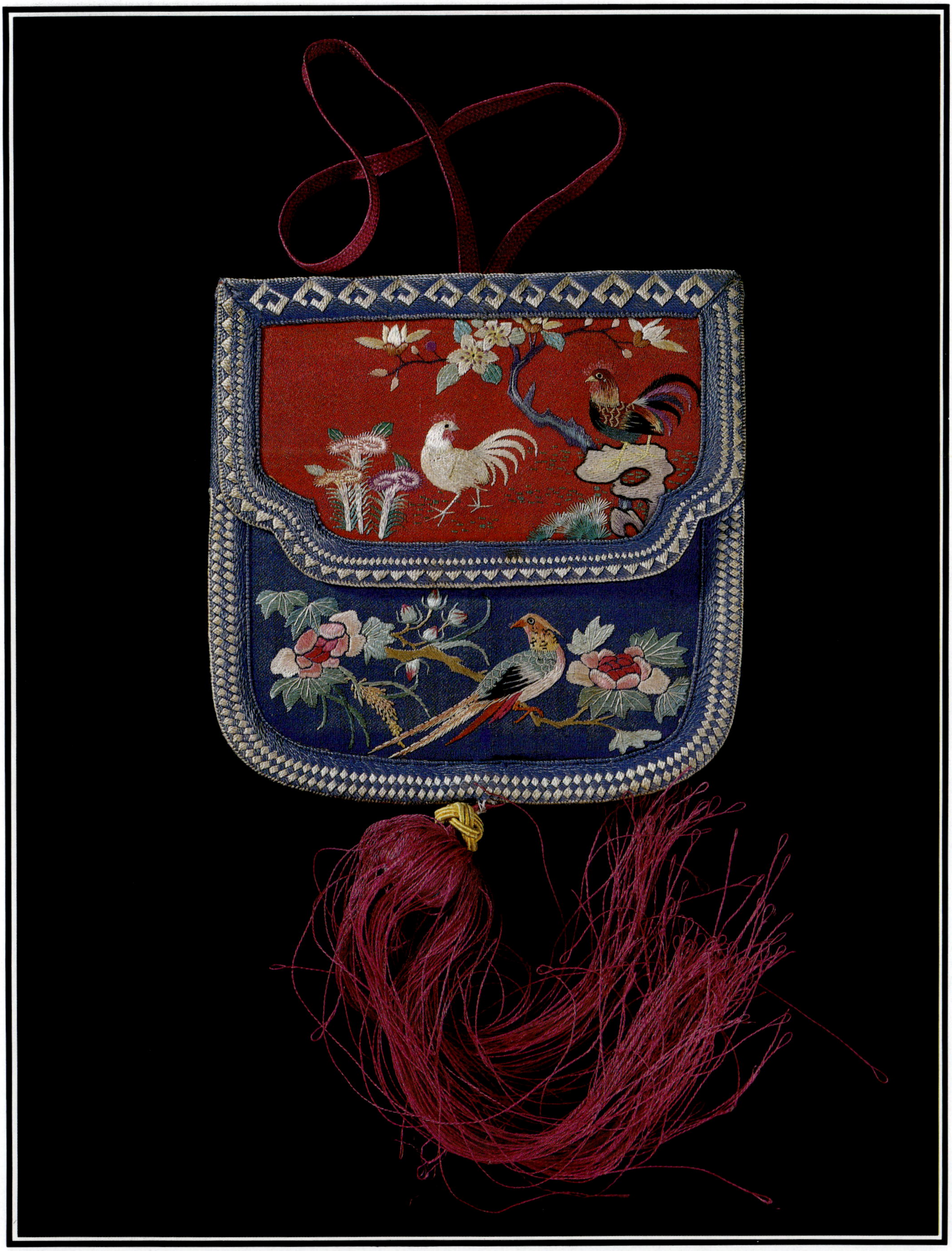

Rückseite derselben Tasche, mit Hähnen und Fasan bestickt.
Lang-und Kurzstich und Satinstich. (Originalgröße)

Doppelseitige, rote Tasche mit Hahn und Elster.
Lang- und Kurzstich und Pekingstich. (Originalgröße)

Variationen rechteckiger Kleinodbeutel.
Das obere Beispiel ist mit Knotenstich und Einlagen angefertigt; das untere ist mit Satinstich bestickt.

Mit bekannten Figuren aus Literatur und Geschichte bestickte Täschchen.

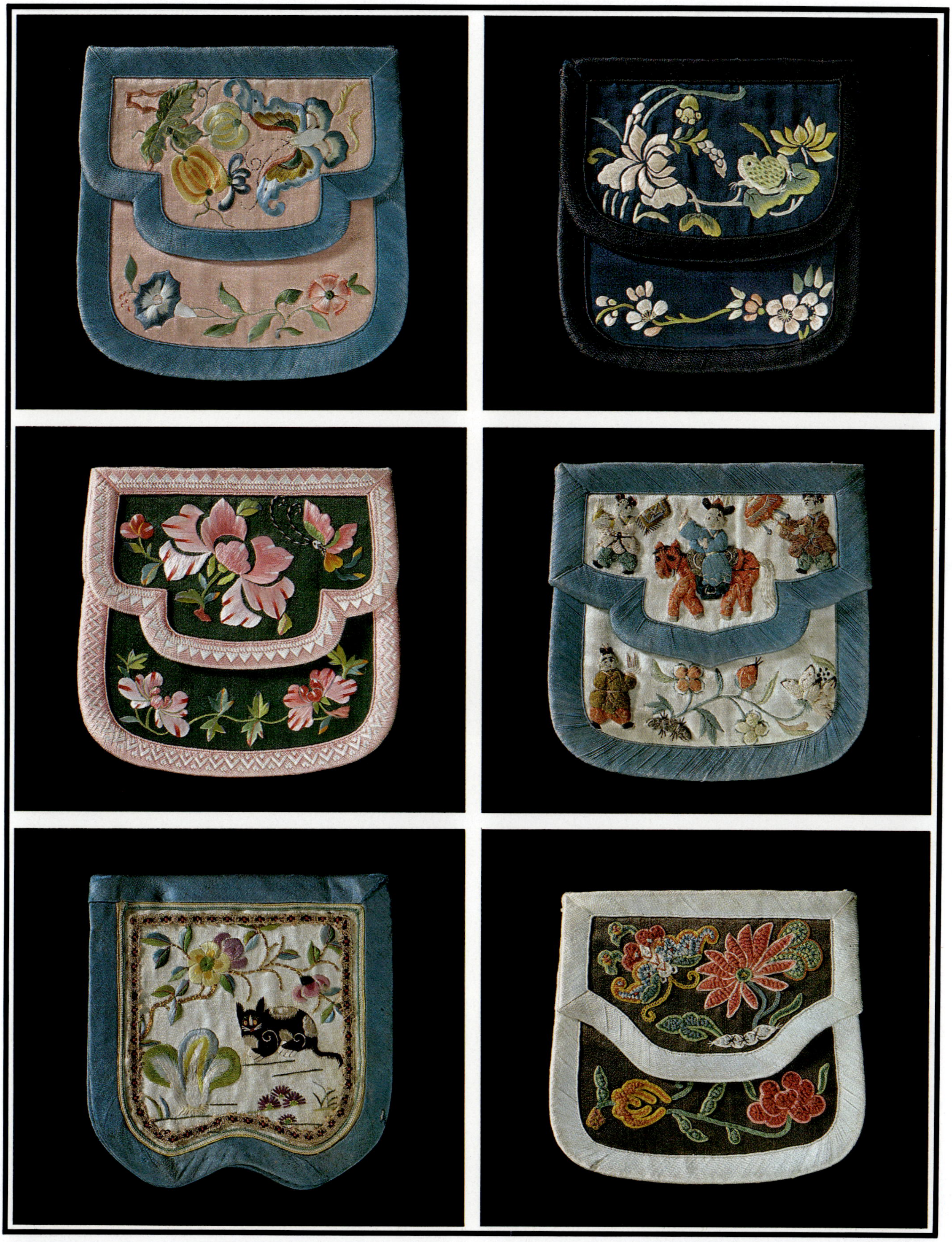

Täschchen mit verschiedenen Stick- und Applikationstechniken.

Bestickte Täschchen mit geometrischen Mustern.

Bestickte Täschchen mit Netzmustern.

DIE TA-LIEN-TASCHE

Ta-Lien ist eine längliche Doppeltasche, deren zwei mit Pappe verstärkte Haupttaschen beim Tragen am Gürtel übereinander angebracht sind. Innen sind sie ebenfalls in mehrere Fächer unterteilt. Es gibt verschiedene Formen des Ta-Lien, z.B. rechteckig, vasenförmig oder melonenförmig. Oft haben sie einen Quastenverschluß.

Ta-Lien mit Goldfisch und Schmetterling.
Pekingstich; der Goldfisch ist mit Füllmaterial gepolstert, um eine dreidimensionale Wirkung zu erreichen. (Originalgröße)

Ta-Lien mit Grille und Begonie.
Die obere Tasche hat die Form einer Vase. Pekingstich.
(Originalgröße)

Ta-Lien mit Schmetterling.
Pekingstich. (Originalgröße)

Ta-Lien mit Melone und Fledermaus.
Pekingstich. (Originalgröße)

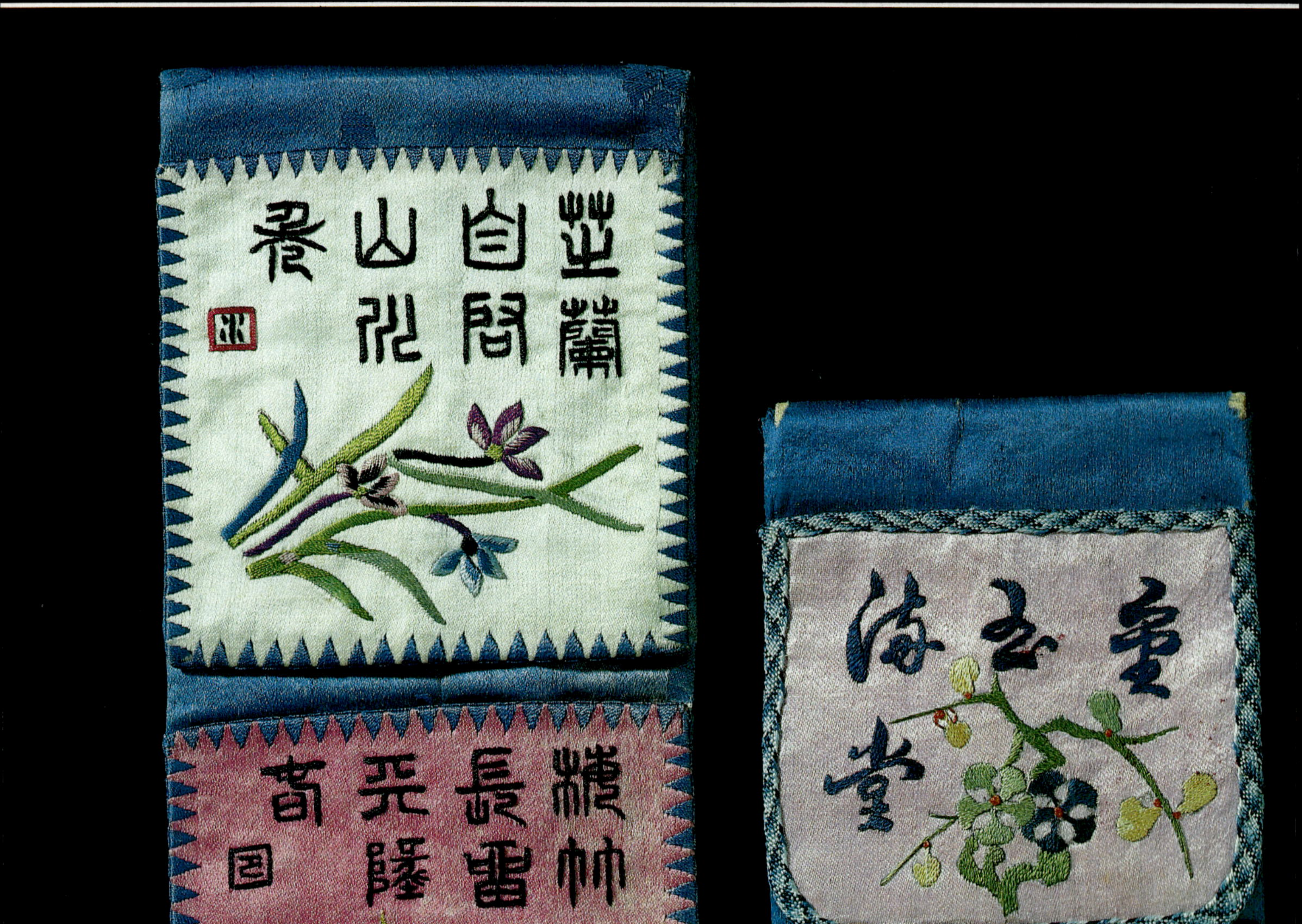

Ta-Lien-Taschen mit Kalligraphien.
Satinstich.

Links: Ta-Lien mit alten Münzen.
Applikationstickerei; die Einfassung der Münzen ist mit Kettenstich gefertigt.

Rechts: Ta-Lien mit Blumen.
Kettenstich mit Blattgold.

Ta-Lien mit Hirsch und Kranich.

Ta-Lien mit Grillen.

Ta-Lien mit den "Schätzen eines Gelehrten".
(Laute, Schachspiel, Bücher und Gemälde)

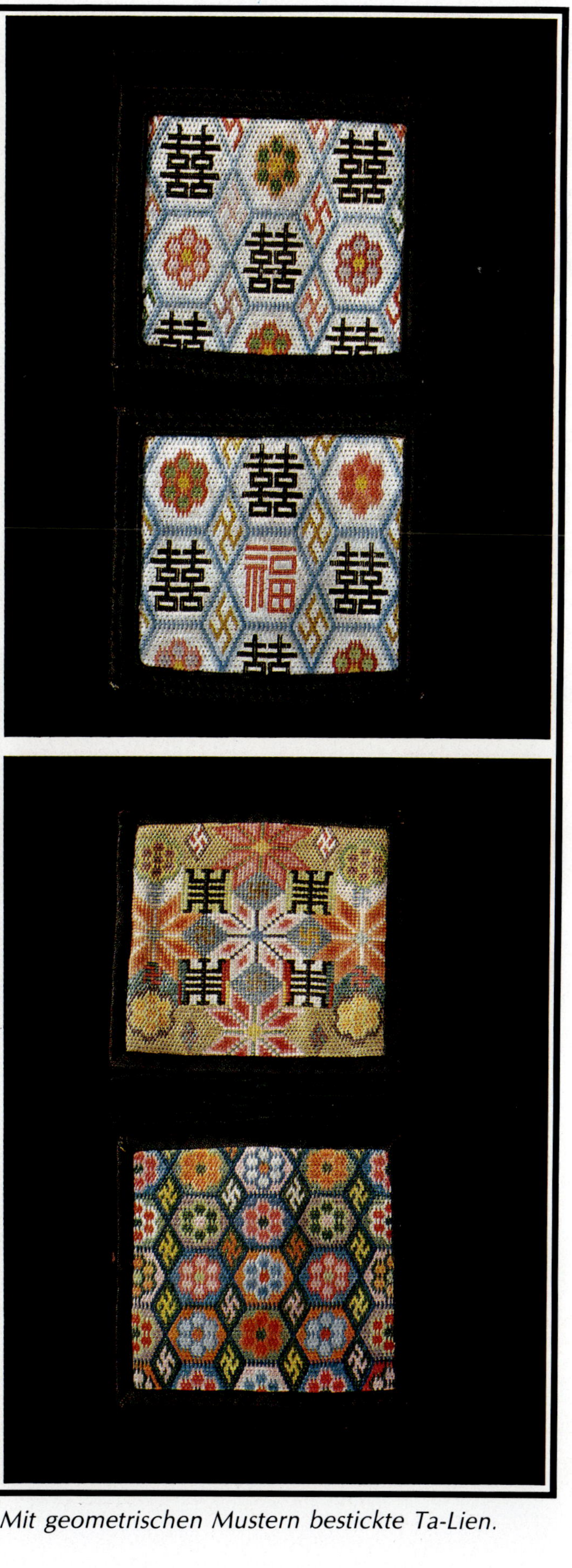

Mit geometrischen Mustern bestickte Ta-Lien.

DAS KÜRBISFÖRMIGE SCHMUCK-TÄSCHCHEN

Das kürbisförmige Schmucktäschchen, in dem Tabak aufbewahrt wurde, hieß auch Tabaksbeutel, er hing am Rauchtopf. Die Tabaksbeutel waren kürbisförmig, da der Kürbis als Symbol der Heilung galt. Tabak wurde als heilende Droge angesehen. Er wurde in der frühen Ch'ing-Zeit populär und wurde bis ans Ende der Ch'ing-Zeit von Frauen und Männern gleichermaßen zur Entspannung und zu medizinischen Zwecken angewandt. Die Kürbisbeutel sind länglich und haben oben eine Öffnung, die gerade groß genug ist, daß zwei Finger hindurchpassen. Diese Beutel waren oft an beiden Seiten mit zwei bunten Quasten verziert. Bisweilen wurde in den Kürbisbeuteln auch Weihrauch aufbewahrt.

Kürbisförmige Schmucktäschchen.

Links: Kettenstich; angeheftete Gold- und Silberfäden dienen als Einfassung des Beutels. Mitte: Beutel mit Einfassung aus geflochtenem Garn mit angeheftetem Gold- und Silberfaden. Rechts: Beutel mit Satinstich und geflochtenem Garn. (Originalgröße)

Vier Kürbisbeutel.

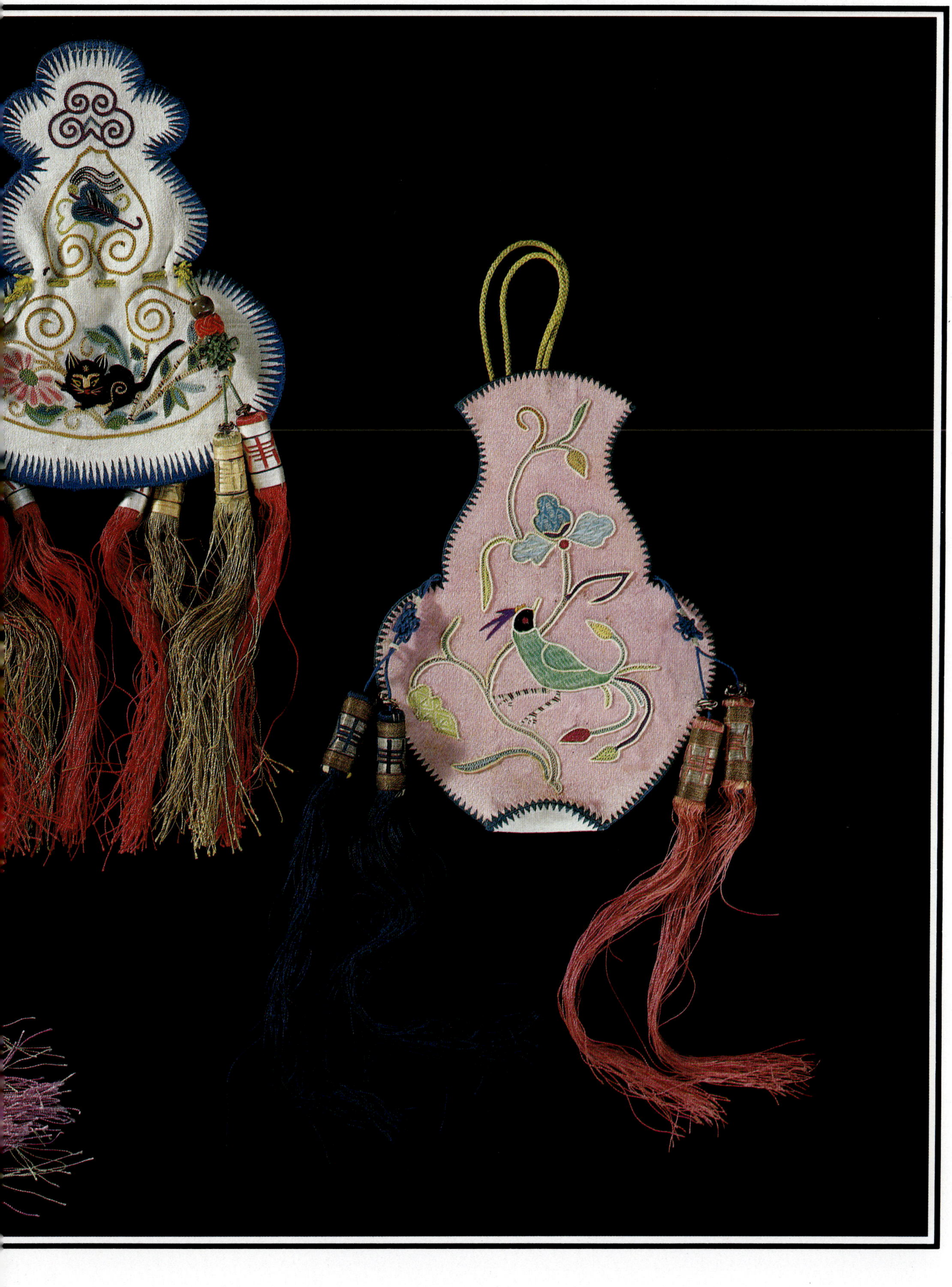

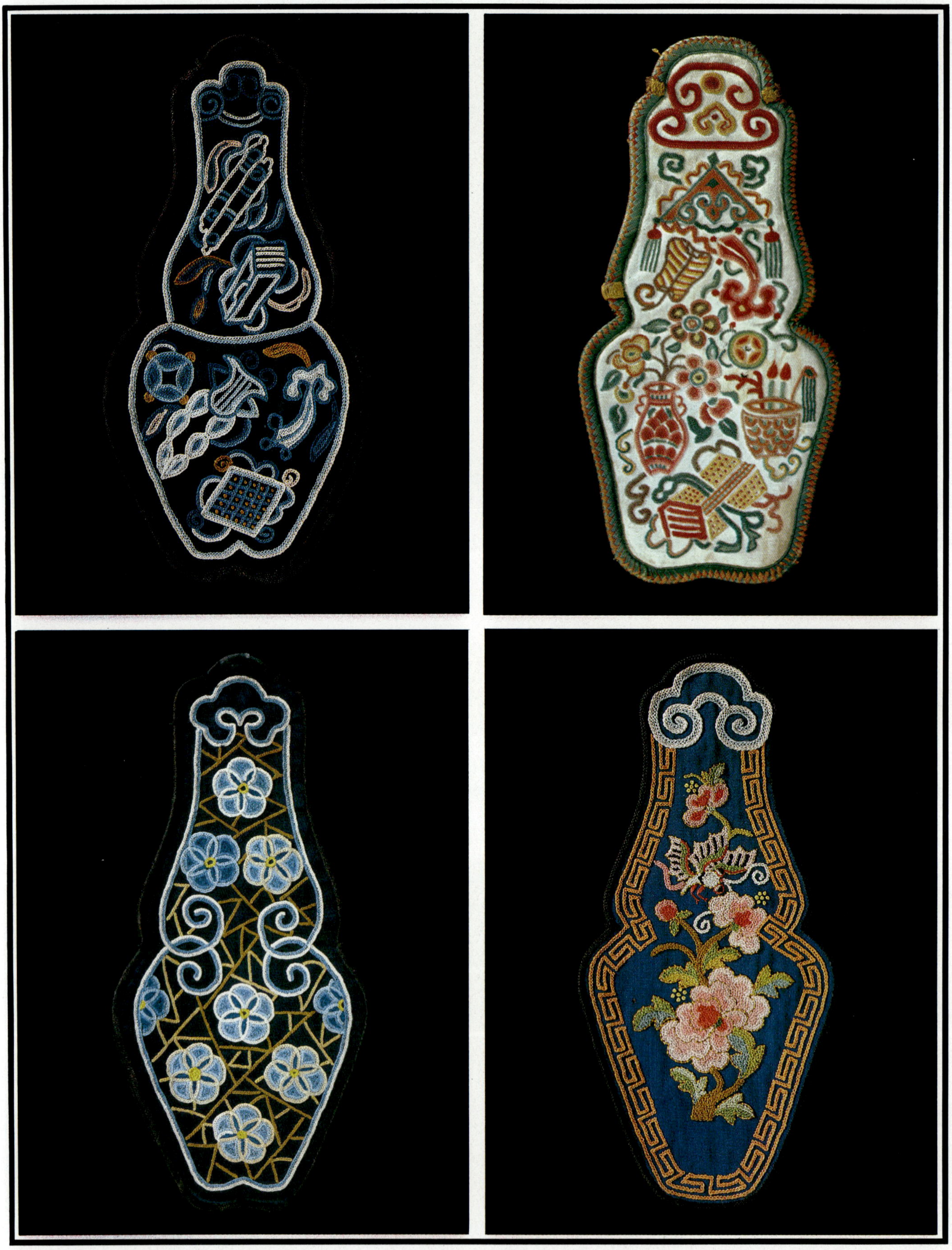

Vier Kürbisbeutel.
Pekingstich und Knotenstich.

Vier Kürbisbeutel.
Lang- und Kurzstich und Satinstich.

Glockenförmiges Schlüsseltäschchen:
Dieser Beuteltyp hat die Öffnung unten.

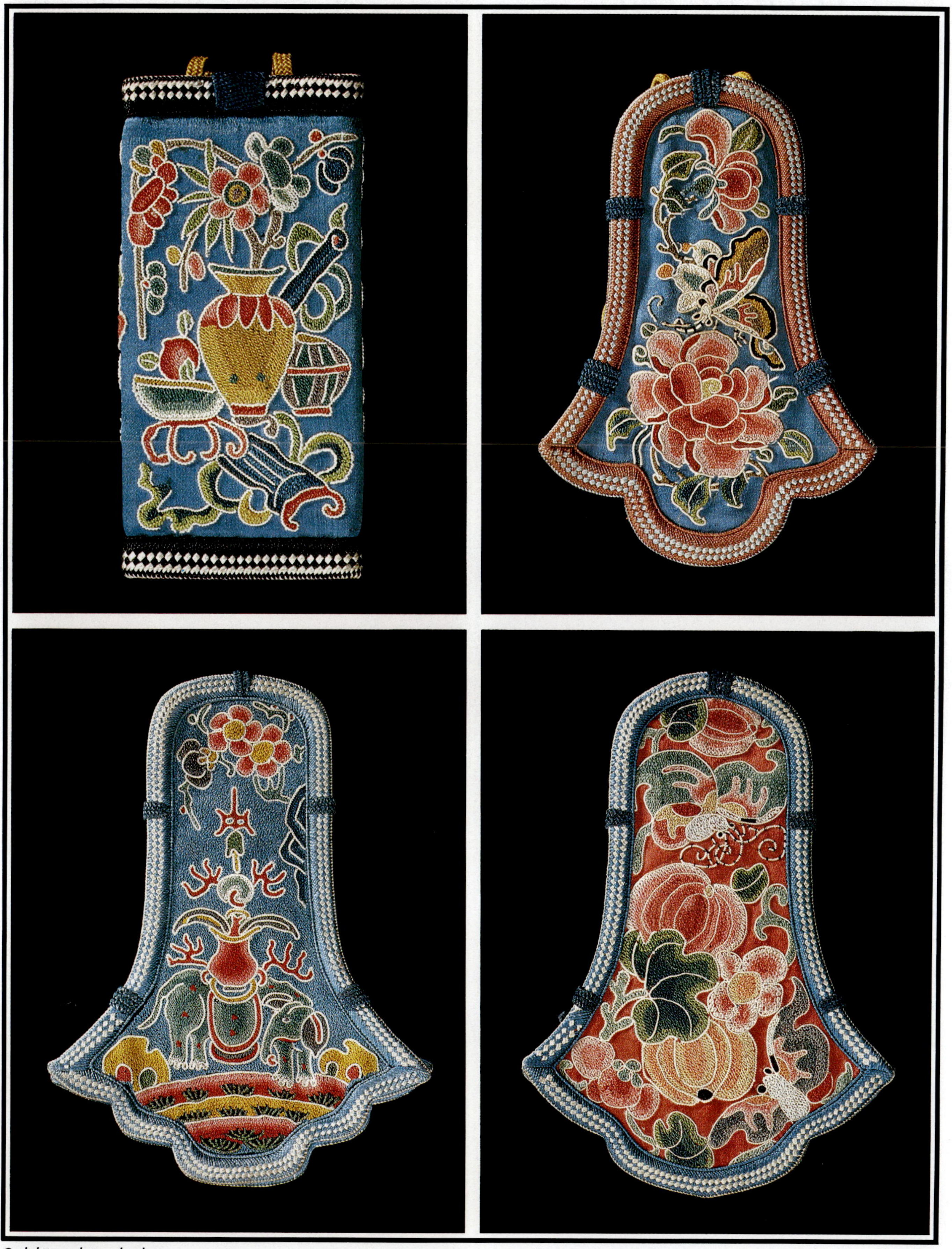

Schlüsseltäschchen.
Alle mit Knotenstich bestickt. Ein Elefant, der eine Vase trägt, gilt als Symbol für Frieden.

DAS FÄCHERETUI

Fächeretuis waren schmal und lang, hatten einen kleinen, flachen Boden und Kordeln zum Aufhängen. Fächer waren ein wichtiges Accessoir, um die Sommerhitze erträglicher zu machen. Aus diesem Grund sind sie wahrscheinlich hauptsächlich mit Sommerblumen und Sommermotiven verziert.

Einige Kunsthistoriker haben diese Etuis irrtümlicherweise für Eßstäbchenetuis gehalten. Nur die Mandschu brachten ihre Messer und Stäbchen in Holzschatullen zu offiziellen Essen mit. Die Mehrheit der Han-Chinesen hatte jedoch diese Gewohnheit nicht.

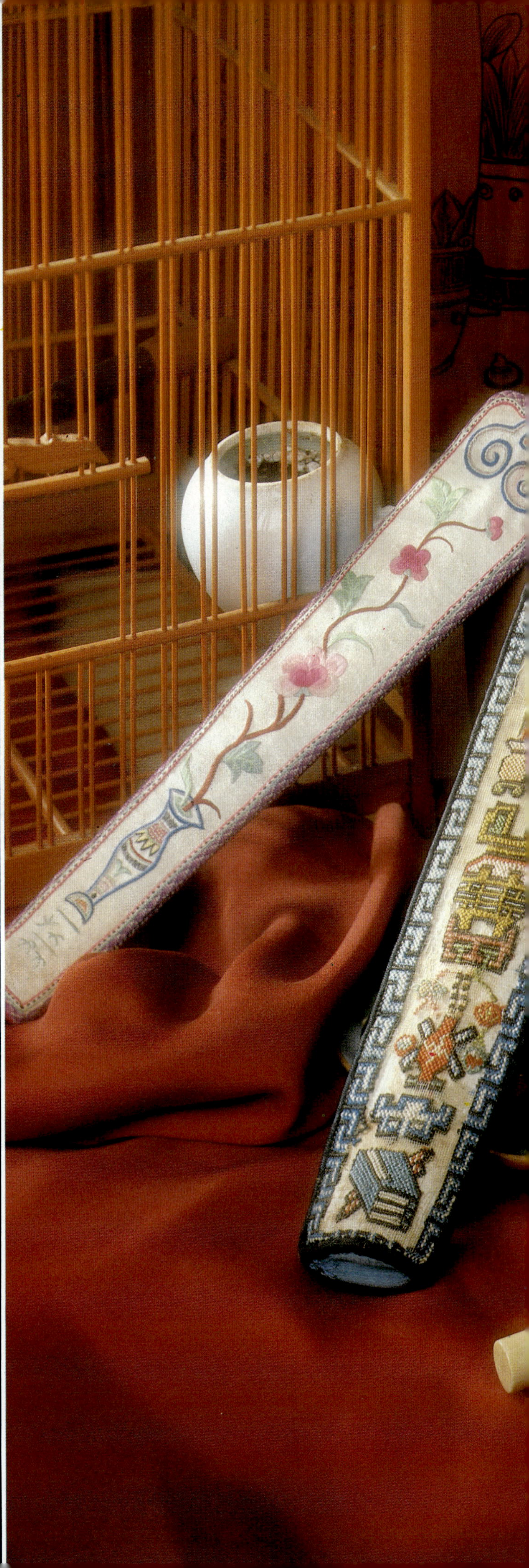

Vier Fächeretuis.
Die beiden längeren Etuis in der Mitte weisen Applikationen aus gefärbtem Stoff auf. Das schwarze Etui rechts zeigt die von Gelehrten bevorzugten Motive: Laute, Schachspiel, Bücher und Bilderrolle.

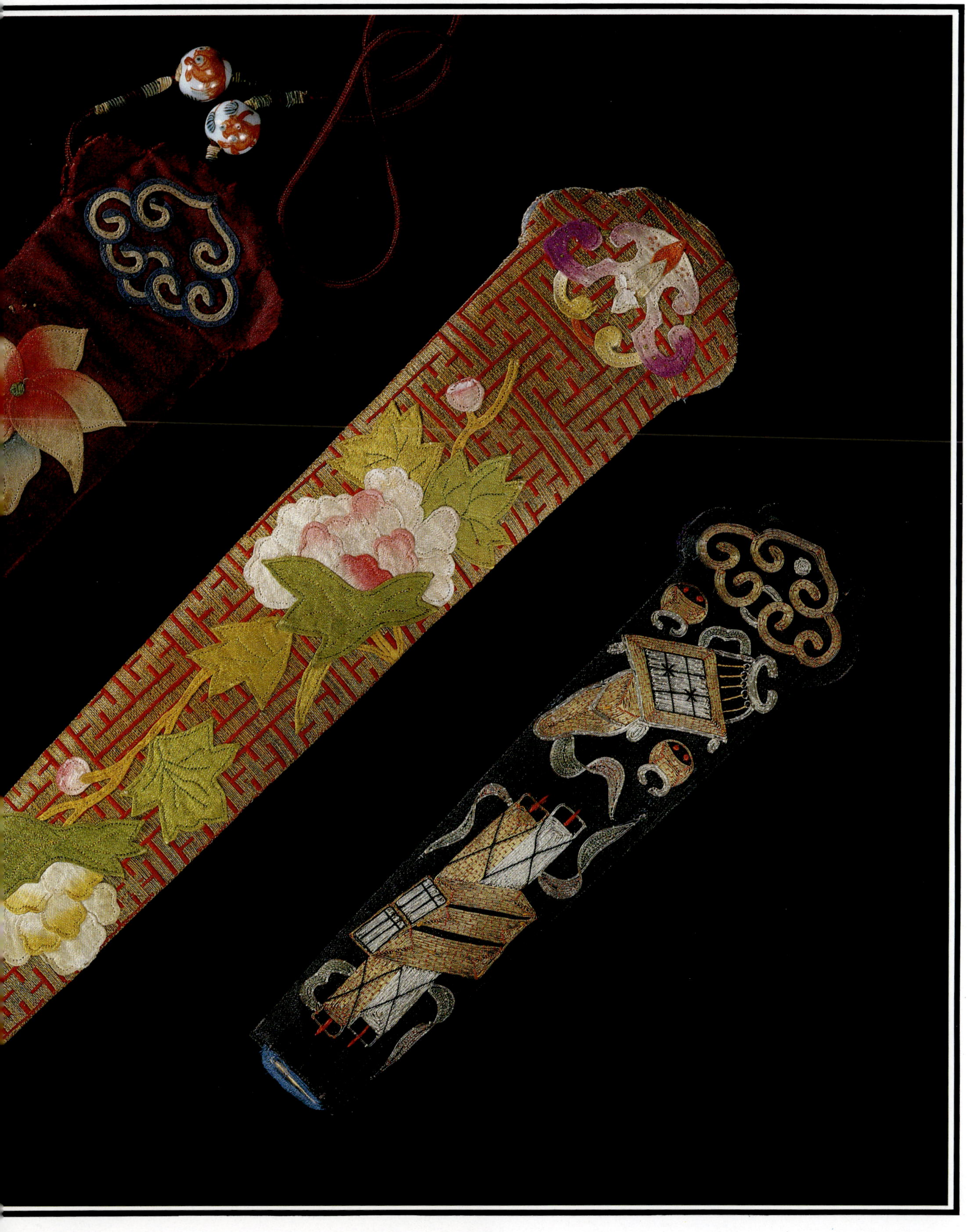

DIE BRIEFTASCHE

In der Brieftasche wurden Schriftstücke aufbewahrt. Es ist eine zwei- oder dreiteilige Stoffmappe, deren Teile wiederum in halb- oder ganzseitige Fächer unterteilt sind. Die Außenseiten sind nicht verziert, während die Innenseiten voll mit fein ausgearbeiteten und zierlichen Mustern bestickt sind. Die Motive bestehen meist aus Symbolen, die Männer betreffen. Das Wort Hahnenkamm (冠) ist homonym mit dem Wort für "hoher Beamter" (官). Der Hahnenkamm und andere Typen von Kronen haben daher die Bedeutung von Erfolg in politischem Sinne. Brieftaschen können von der Größe eines Buches bis zu der eines Portemonnaies variieren. Sie wurden ausschließlich von Männern getragen.

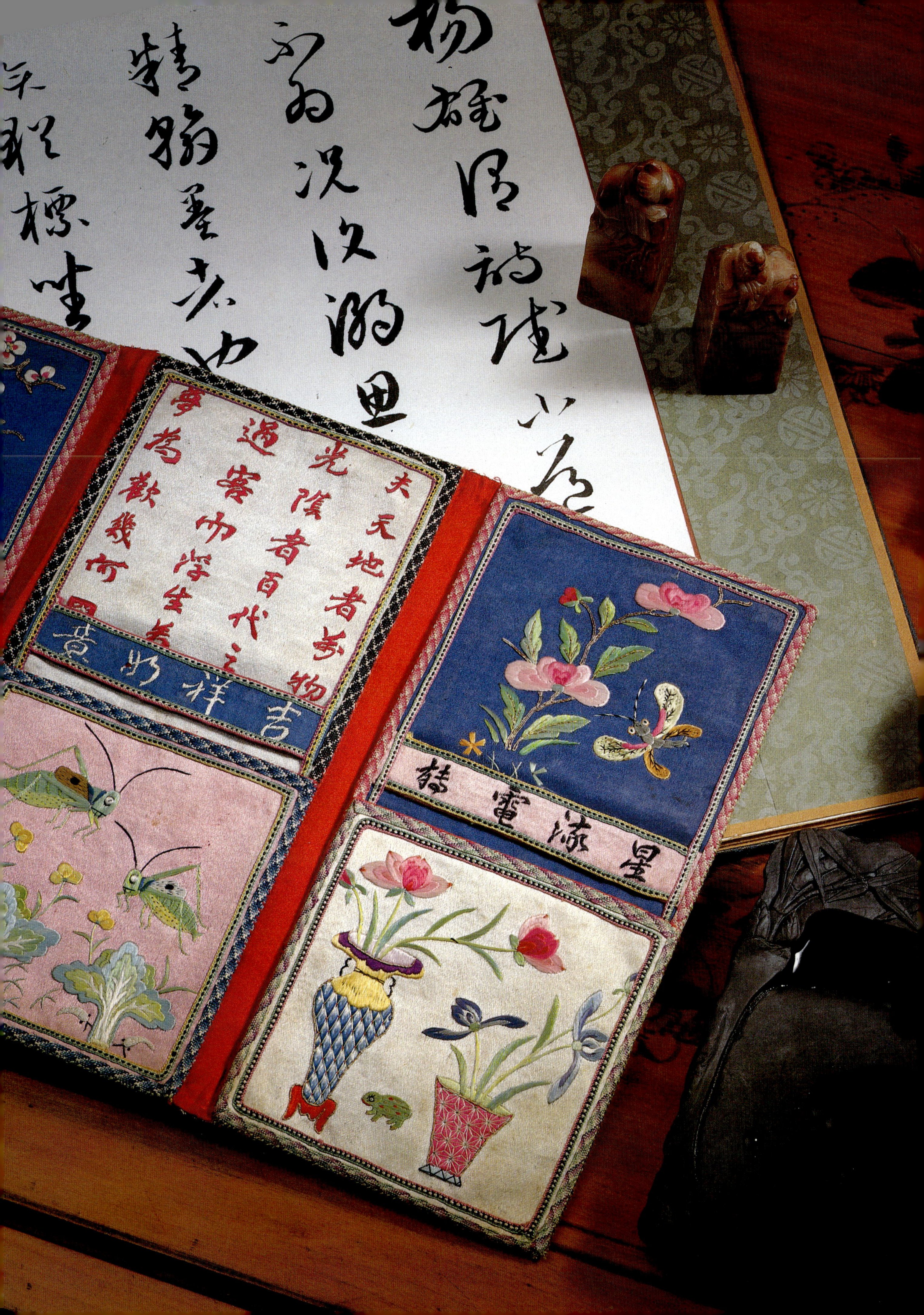

Dreiteilige Brieftasche.
Glückverheißende Motive, mit Satinstich gefertigt.
(Originalgröße)

Dreiteilige Brieftasche.
Glückverheißende Motive, mit Satinstich gefertigt.
(Originalgröße)

Zwei Brieftaschen.

君子擇人
而後交
丁巳孟春書

ANLEITUNGEN UND MUSTER

So winzig diese Schmucktäschchen sind, so zeitaufwendig ist es, sie herzustellen. In der heutigen, hektischen Zeit können es sich nicht allzuviele Leute erlauben, Tage oder Wochen für ein solch kleines Ding aufzuwenden. Nur dem wirklichen Enthusiasten ist die alte Methode der Beutelherstellung so viel Zeit wert. Mit einiger Kreativität können wir auch neue Materialien verwenden. Seidenjaquard mit kleinen Mustern, bedrucktes oder gewebtes Tuch wären zwei Möglichkeiten. Das handgemachte Schmucktäschchen bringt als Geschenk immer ein Stück Herzlichkeit und Wärme.

Es gibt Tausende von Möglichkeiten, solche Beutelchen zu machen. Die hier gezeigten sind typische Beispiele für standardisierte Arten. Diese Beispiele können nach eigenen Vorstellungen in Größe und Machart modifiziert werden.

Die abgebildeten Muster sind in verkleinertem Format gezeichnet. Schneiden Sie die Muster mindestens 0,5 cm größer aus als abgebildet, das müßte für den Saum ausreichend sein. Die Seiten werden immer zuerst bestickt, bevor sie zusammengenäht werden. Verwenden Sie Borten oder Seidenbänder als Rand. Traditionell handgemachte Borten wurden gewöhnlich als Verzierung der Säume, Seiten und Enden benutzt. Zur Verstärkung der Innenseiten schlagen wir Pappe oder Vlieseinlagen vor. Die Härte des Verstärkungsmaterials hängt von der Art des Beutels ab. In den Anleitungen ist jeweils angegeben, welche Art von Versteifung nötig ist.

Das herzförmige Schmucktäschchen

Material:
Satin für die Außenseiten, 7,5 cm × 16,5 cm (zweifach)
Verstärkungsmaterial, 7,5 cm × 16,5 cm (zweifach)
Futterstoff, 7,5 cm × 16,5 cm (zweifach)
Stickgarn
Dünne Kordel, 60 cm lang

1. Die Außenseiten mit Satin- oder Knotenstich besticken.
2. Das Verstärkungsmaterial zwischen Satin- und Futterstoff legen und entlang der oberen Seitenränder anheften.
3. Die beiden Teile wie abgebildet entlang der gestrichelten Linien falten.
4. Beginnen Sie so, daß die erste Falte auf Sie zu gefaltet ist.
5. Vorder- und Rückseite an den Außenrändern zusammennähen und dann nach außen stülpen. Garn um die Falten binden, um sie zusammenzuhalten.
   (Wichtig! Vor dem Sichern der Falten mit Duftmaterial füllen.)
6. Kordelenden an den Seiten befestigen.

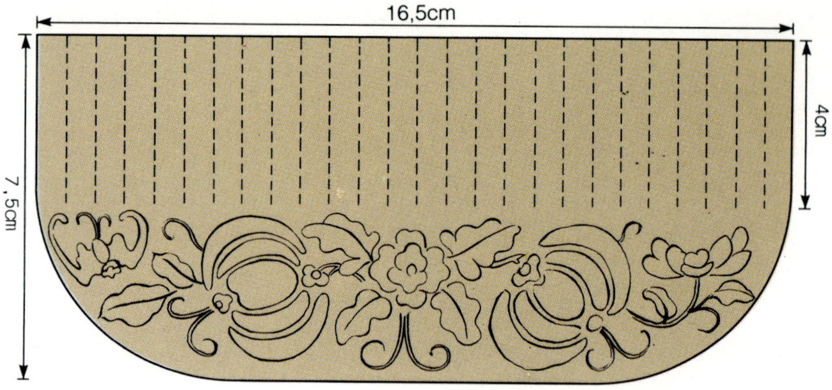

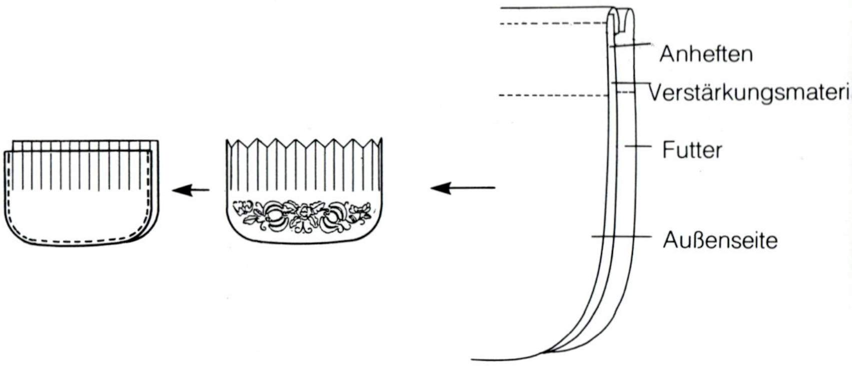

Gürteltasche

Material:
Satinstoff für die Vorderseite, 12 cm × 15 cm
Pappe für die Vorderseite, 12 cm × 15 cm
Futterstoff, in der Mitte gefaltet, 24 cm × 15 cm
Stoff für die Rückseite, 12 cm × 15 cm
Bordüre, 50 cm lang
Stickgarn

1. Die Satinseite besticken.
2. Die Pappe zwischen eine Hälfte des gefalteten Futters und die Vorderseite aus Satin einheften. Die Rückseite wird mit der anderen Futterhälfte vernäht.
3. Die Bordüre annähen, aber die Oberseite offenlassen.
4. Zwei kleine Stoffstückchen an den Seiten zur Verstärkung annähen (siehe Zeichnung) und damit die Enden der Bordüre einnähen.

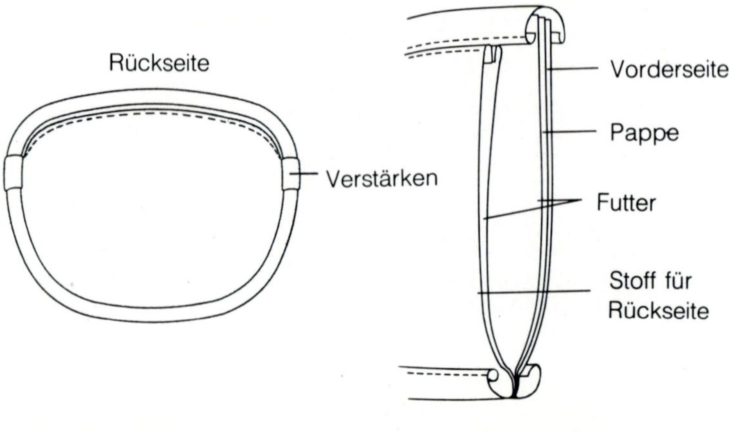

Brillenetui

Material:
Satinstoff, 8 cm × 16 cm (zweifach)
Pappe, 8 cm × 16 cm (zweifach)
Futterstoff, 8 cm × 16 cm (zweifach)
Bordüre, 90 cm lang
Stickgarn

1. Beide Satinstücke besticken.
2. Pappe zwischen Futter und Satin einnähen und die Bordüre entlang den Seiten annähen.
3. Mit der Rückseite in gleicher Weise verfahren.
4. Die beiden unbestickten Innenseiten aufeinanderlegen und zusammennähen, jedoch oben eine Öffnung lassen. Die beiden Endpunkte bei der Öffnung verstärken. (siehe Zeichnung).
5. Nach Belieben oben am Etui eine Kordel zum Aufhängen annähen.

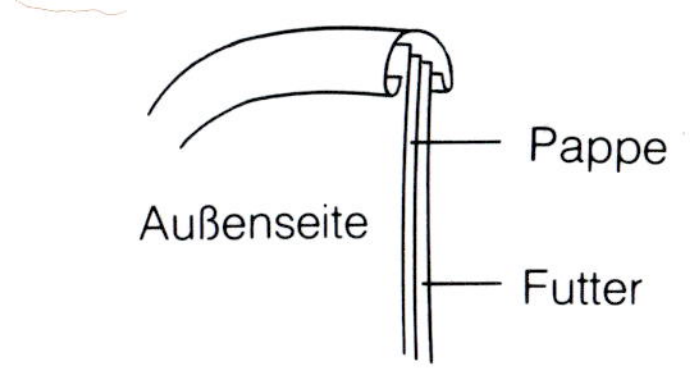

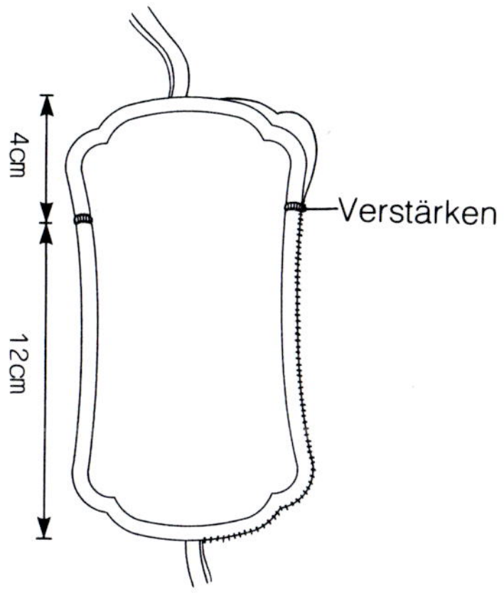

Rechteckiges Schmucktäschchen Version 1

Material:
Satinstoff, 6 cm × 12 cm
Satinstoff, 10,5 cm × 12 cm
Pappe, 6 cm × 12 cm
Pappe, 10,5 cm × 12 cm
Futterstoff, 30 cm × 12 cm
Futterstoff, 22,5 cm × 12 cm
Tuch für die Rückseite, 12 cm × 12 cm
Bordüre, 70 cm lang
Stickgarn

1. Die Vorderseite mit Satinstich besticken.
2. Satin und Pappe entlang den Seitenrändern zusammenkleben (dies ergibt das steife Vorderteil und dessen Verschlußklappe).
3. Vorder- und Rückseite mit der Bordüre zusammennähen.
4. Die Klappe mit der Bordüre an die Rückseite annähen, wie abgebildet.
   Dieser Taschentyp kann auch als Doppeltasche gearbeitet werden. Das obige Beispiel ist für die einseitige Version. Für die Doppeltasche werden einfach die Rückseiten zweier einseitiger Taschen aneinandergenäht.

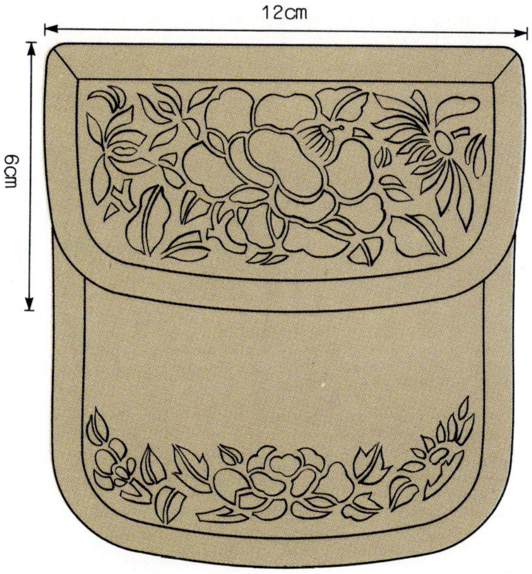

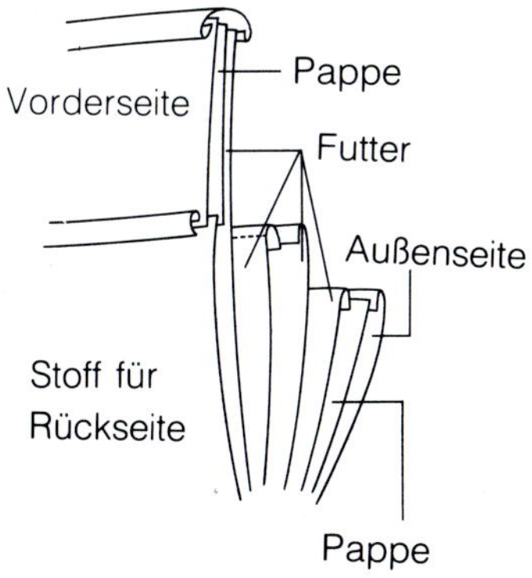

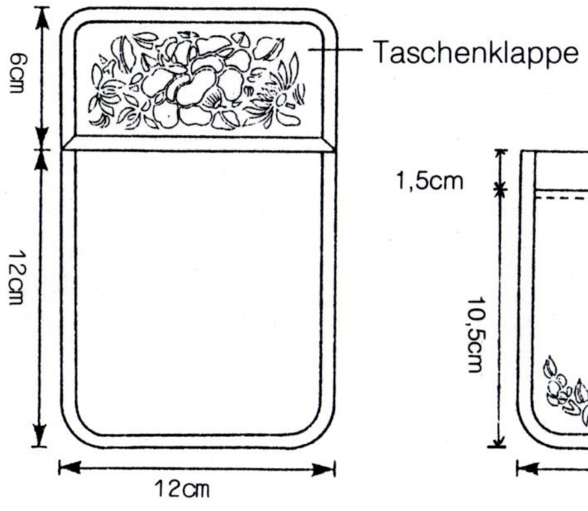

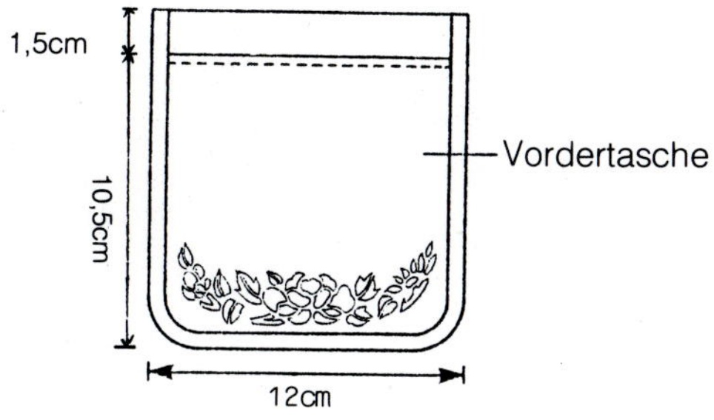

Rechteckiges Schmucktäschchen Version 2

Material:

Satinstoff, 6 cm × 8,5 cm
Satinstoff, 8,5 cm × 8,5 cm
Pappe, 6 cm × 8,5 cm
Pappe, 8,5 cm × 8,5 cm
Futterstoff, 6 cm × 8,5 cm
Futterstoff, 8,5 cm × 8,5 cm
Futterstoff für Tasche, 11,5 cm × 8,5 cm (zweifach)
Einfarbiger Satinstoff für die Rückseite, 30 cm × 7,5 cm
Futterstoff, 30 cm × 7,5 cm
Stoff für Seitenfläche, 2 cm × 29 cm
Futter für die Seitenfläche, 2 cm × 29 cm
Stickgarn, Kordel, Knopf und Bordüre

1. Die Vorderseite besticken.
2. Den Vorderteil der Tasche wie bei Version 1 herstellen.
3. Das 30 cm × 7,5 cm große Satintuch zurückfalten. Die vorbereiteten Außenseiten oben an das 11,5 cm × 8,5 cm große Taschenfutter annähen. Die Seitenflächen mitsamt Futter an die Vordertasche und an die 30 cm × 7,5 cm großen Stücke der Rükkenteile annähen.
4. Die Bordüre entlang allen genähten Rändern annähen.
5. Die Kordel an der Deckelklappe und den Verschlußknopf an der Taschenvorderseite befestigen.
(Eine Kordel zum Aufhängen der Tasche ist nicht nötig).

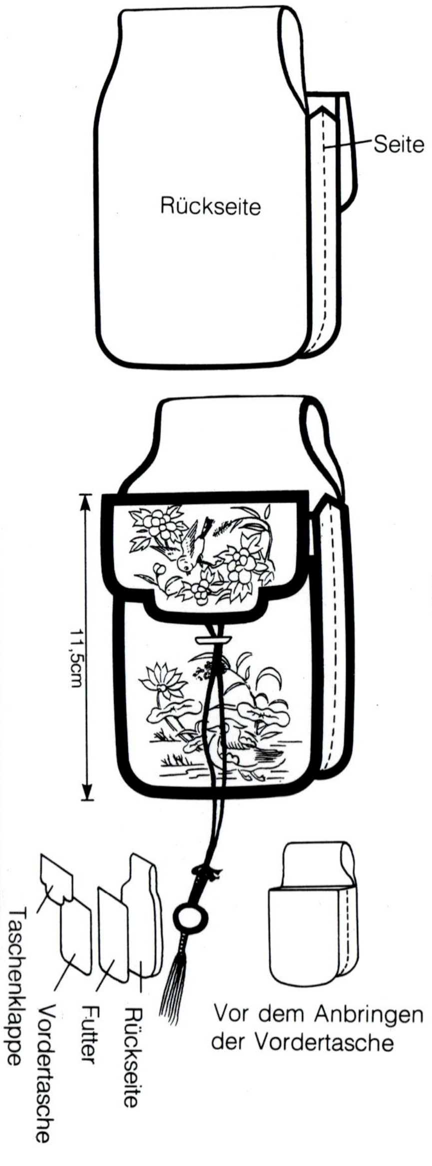

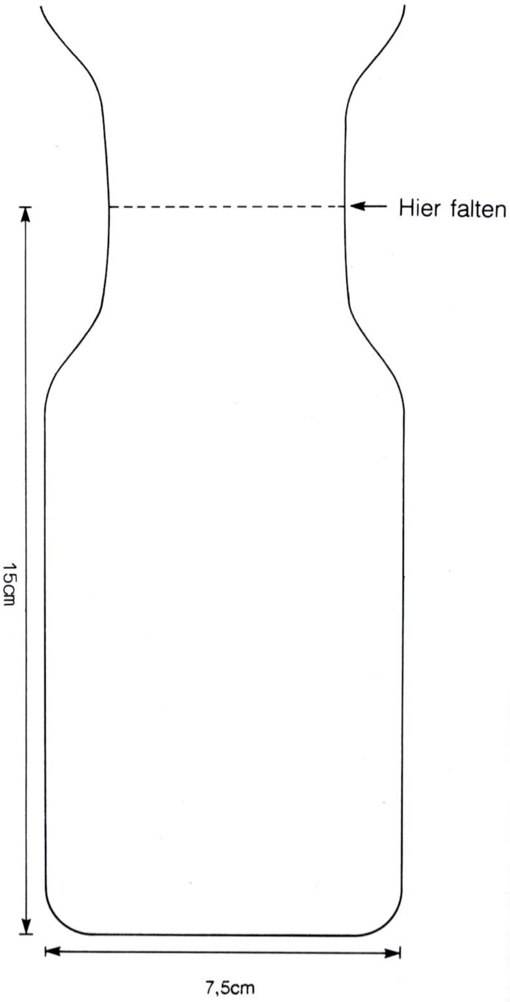

Die Ta-Lien-Tasche

Material:
Satinstoff, 7,5 cm × 9 cm (zweifach)
Pappe, 7,5 cm × 9 cm (zweifach)
Futterstoff, 7,5 cm × 9 cm (zweifach)
Satinstoff für Außenseiten, 18 cm × 27 cm
Futterstoff, 18 cm × 27 cm
Bordüre, 70 cm lang; Stickgarn

1. Den Satinstoff der Außenseiten besticken.
2. Die Pappe zwischen Vorderseite und Futter einnähen und mit der Bordüre vernähen.
3. Das 18 cm × 27 cm große Futterstück mit dem gleich großen Außenstück, die rechten Seiten aufeinanderliegend, zusammennähen, jedoch die kurzen Enden offenlassen.
4. Die rechten Seiten nach außen stülpen.
5. Das 18 cm × 27 cm große Stück in der Mitte zusammenfalten und die 27 cm lange Seite von links und rechts so zusammennähen, daß in der Mitte eine 7,5 cm große Öffnung bleibt; nun die 9 cm breiten Seiten zusammennähen. Beide Enden der Öffnung mit Knopflochstich verstärken.
6. Die bereits fertigen 7,5 cm × 9 cm großen Stücke an jeweils eine Seite des 27 cm × 9 cm großen Stückes annähen, wobei die obere Seite jeweils offen bleiben muß.

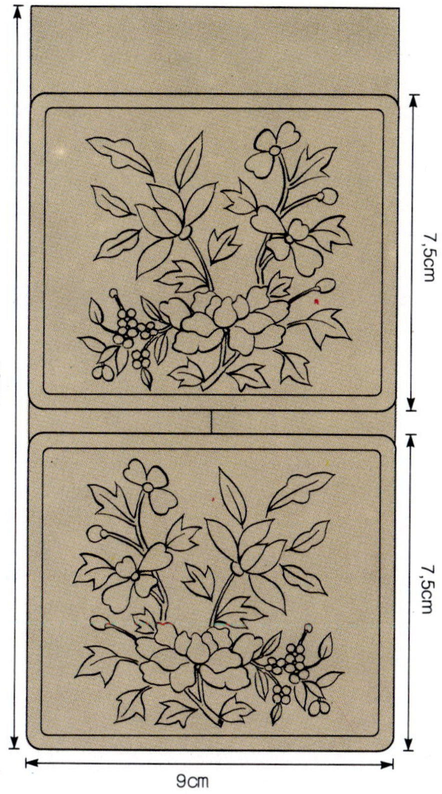

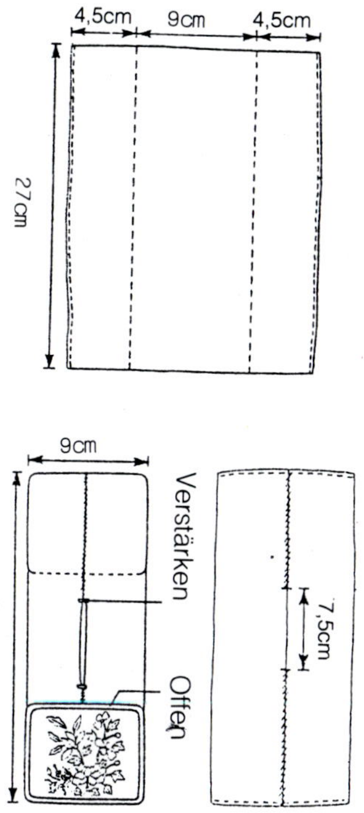

Brieftasche

Material:
Satinstoff für die Außenseiten, 9,5 cm × 9 cm (zweifach)
Pappe, 9,5 cm × 9 cm (zweifach)
Futterstoff, 9,5 cm × 9 cm (zweifach)
Satinstoff, 18 cm × 20 cm
Einlagematerial (z.B. Filz), 18 cm × 20 cm
Futterstoff, 18 cm × 20 cm
Bordüre. 140 cm lang; Stickgarn

1. Die 9,5 cm × 9 cm großen Außenseiten besticken.
2. Pappe zwischen Futter und Satin einnähen und mit der Seitenbordüre vernähen. Mit der anderen Tasche ebenso verfahren.
3. Das Einlagematerial an die linke Seite des Rückenfutters heften.
4. Die 20cm langen Seiten des Futters mit dem Außensatin zusammennähen, beide rechten Seiten liegen aufeinander, die kurzen Seiten bleiben offen. Stülpen Sie dann die rechte Seite nach außen.
5. Falten Sie die längeren Seiten in der Mitte zusammen. der Satin liegt außen.
6. Sticken Sie die beiden offenen Seiten mit Kettenstich zusammen.
7. Nähen Sie die Bordüre an die Außenränder.
8. Nähen Sie die bereits fertigen Außenseiten so an, daß die Öffnungen in der Mitte liegen.
9. In der Mitte zusammenklappen.

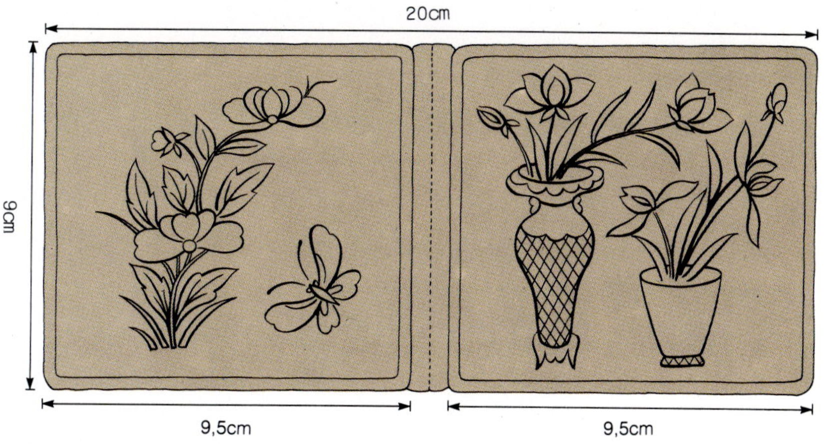

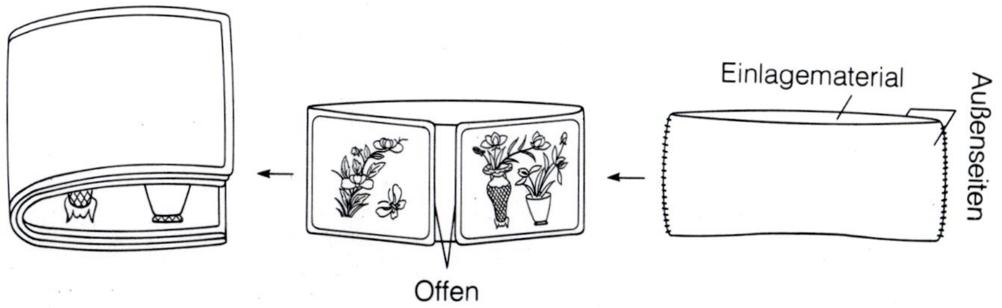